RESEARCH ON THE CONSTRUCTION MANAGEMENT AND
PROJECT DEVELOPMENT OF MODERN
NEW TYPE COMMUNITY SPORTS

现代新型社区
体育的建设管理
与项目开发研究

李春兰◎著

中国社会科学出版社

图书在版编目(CIP)数据

现代新型社区体育的建设管理与项目开发研究 / 李春兰著. —北京：中国社会科学出版社，2016.5

ISBN 978 - 7 - 5161 - 8331 - 1

Ⅰ.①现… Ⅱ.①李… Ⅲ.①社区 - 体育工作 - 研究 - 中国 Ⅳ.①G812.4

中国版本图书馆 CIP 数据核字(2016)第 123979 号

出 版 人	赵剑英	
责任编辑	任 明	
责任校对	王 斐	
责任印制	何 艳	

出 版	中国社会科学出版社	
社 址	北京鼓楼西大街甲 158 号	
邮 编	100720	
网 址	http://www.csspw.cn	
发 行 部	010 - 84083685	
门 市 部	010 - 84029450	
经 销	新华书店及其他书店	

印刷装订	北京市兴怀印刷厂
版 次	2016 年 5 月第 1 版
印 次	2016 年 5 月第 1 次印刷

开 本	710×1000 1/16
印 张	13.75
插 页	2
字 数	226 千字
定 价	58.00 元

前　言

　　社区体育是在 20 世纪 80 年代才逐渐兴起的，其是一种新的社会体育形态，与现代社会的不断发展相适应。随着经济社会的不断发展，社区体育也取得了一定的发展成效，并且为我国社会体育和城市管理的发展做出了较大的贡献。可以说，社区体育的发展对我国社会体育管理体制的优化和改革起到了积极的推动作用，对城市社区建设也起到了重要的促进作用。

　　近几年，社区体育开展得如火如荼，体育体制改革也进一步深化，其在社会体育发展战略中的地位也越来越重要。从当前的形势来说，社区体育的发展较社会的快速发展来说是较为落后的，不管是理论研究方面还是具体的实施方面，都要求进行改革创新，从而使社区体育与社会市场经济的不断发展相适应。鉴于此，建立现代新型社区体育就成为现阶段非常艰巨的一项任务。《现代新型社区体育的建设管理与项目开发研究》就是在这样的背景下撰写的，希望能够为现代新型社区体育的发展提供一定的支持与依据。

　　本书共有八章，其中，第一章对社区体育的基本理论及发展概况进行了分析，包括社区体育的概念与分类、特征与功能、相互关系、兴起与发展的社会背景，以及我国社区体育的发展现状及趋势等；第二章是对现代新型社区体育体系的构建进行分析和研究；第三章对现代新型社区体育的建设进行了研究，其中重点对现代新型社区体育建设的必要性、内容以及需要注意的相关问题进行了阐述；第四章重点从内容、模式及发展等方面对现代新型社区体育管理进行了深入研究；第五章是对城市及小城镇社区体育的建设与发展的剖析；第六章是对现代新型社区体育项目开发与创新的研究，分别对其基本理论、条件以及对策进行了分析和阐述；第七章对社区体育中的传统健身项目、休闲球类项目以及时尚流行健身项目的挖掘与开发进行了探索和分析；第八章则分别对不同人群相应的社区体育健身项目的开发进行了分析和研究。

本书通过简洁凝练的语言、系统清晰的结构体系以及丰富的知识点，对现代新型社区体育的建设管理与项目开发进行了全面、深入的分析和阐述，充分体现出了全面性、系统性、科学性、时代性、实效性等显著特点，是一本具有重要借鉴和指导意义的专业学术著作。

本书在撰写过程中参考、借鉴了部分专家、学者在社区体育方面的研究成果和观点，在此表示最诚挚的感谢！另外，由于撰写的时间和精力有限，书中不足之处，敬请指正。

作者

2014 年 10 月

目　　录

第一章

社区体育的基本理论及发展概况

社区体育是中国社会经济体制改革的产物。其作为一种特殊的社区文化活动和新的社会体育形态，形成和发展壮大都是顺应时代的发展，标志着社会的进步和群众生活水平的提高，同时，社区体育在中国城市管理和社会体育发展中有着其独特的作用。本章将从社区体育的概念及分类、特征及功能、社区体育的相关关系以及我国社区体育的发展现状及趋势等方面对社区体育的基本理论及发展概况进行详细的阐述。

第一节　社区体育的概念及分类

一　社区体育的概念

20 世纪 80 年代后期，我国的社区体育实践首先以"区域性单位横向体育联合体——街道社区体协"的形式出现。1989 年，天津市河东区首次提出了"社区体育"概念；1991 年，群众体育管理部门（天津市体委群体处、国家体育总局群体司）的同志开始对"社区体育"下定义；1992 年，体育院校的体育理论研究生在研究生论文选题时开始涉足社区体育研究；1993 年 11 月，国家体委在南京召开的"全国职工体育论文报告会"，首次将社区体育研究作为征文内容，本次会议仅有肖叔伦、王凯珍、李建国 3 位同志报送的 3 篇关于社区体育方面的论文获奖。上述的论文都对社区体育下了定义。①

（一）各学者对社区体育的概念分析

肖淑红（1993）在论文中提到："社区体育就是以基层社区为单位，

---

① 王凯珍、赵立：《社区体育》，高等教育出版社 2004 年版，第 52 页。

以社区成员为主体，实行政府部门支持、体育部门指导、社区部门参与、为社区成员提供社会保障的群众性体育活动。"

　　王凯珍（1993）在论文中提到："社区体育主要指在微型社区中开展的区域性群众体育活动。"1995年，王凯珍补充提出："社区体育是指以基层（微型）社区为区域范围，以辖区自然环境和体育设施为物质基础，以全体社区成员为主体，以满足社区成员的体育需求、增进社区感情为主要目的，就地就近开展的区域性体育活动。"

　　李建国（1993）在论文中提到："社区体育是在居民生活区内由居民自主进行的群众体育活动，并且是通过体育活动建立相互良好关系和共同意识，促进地区社会化的一种社会活动。"

　　以上几位学者的观点有共同之处，也有不同。首先，他们都认为基层社区是社区体育的区域范围，但在理解上有行政区域和生活区域之分。两种理解各有利弊，行政区域便于管理，生活区域方便活动。其次，他们都认为应以社区成员为主体，但对成员的认识分为两种：一种是居民。居民论强调邻里关系和共同意识。另一种是非居民（单位职工）。非居民论强调满足辖区全体成员的需求。此外，在强调是群众性体育活动的同时，又分别强调不同的社会性特征，包括社会保障、社会活动和社区感情等。

　　随着人们对社区体育本质了解的深入，也有学者从社区体育管理的角度考虑，对社区体育的区域做明确的限定表示不赞成。

　　吕树庭等（1997）提出："社区体育是社区成员以社会感情为契机，以自发性为原则，以一定的地域空间为依托，利用人工（设施）或自然环境，在行政的支援下，以推进《全民健身计划纲要》的实施为目的，有计划进行的组织化的体育活动。"

　　任海等（1998）在分析不同社区体育概念时指出，对社区体育概念的理解，应当注意三个方面的问题：第一，既强调社区体育的区域性特性，又不拘泥于将社区体育限定在某一具体区位层次；第二，对社区体育进行定位时，应将社区体育实践与对社区体育实践的管理相区别；第三，强调社区体育的基础目标和本质功能。此观点对界定社区体育具有重要的指导意义和参考价值。①

　　（二）社区体育的本质特征

　　结合众多学者的观点定义，可将社区体育的本质特征概括为：社区体

---

　　① 王凯珍、赵立：《社区体育》，高等教育出版社2004年版，第53页。

育是区域性体育，区域范围相当于基层社区；是面向全体社区成员的体育；以本社区的自然环境和体育设施为物质条件；它是以满足社区成员的体育需求为宗旨，增进社区成员的身心健康，巩固和发展社区感情。

综上所述，王凯珍1995年的定义能够较全面地反映社区体育的本质特征。所以，在后来的社区体育管理和研究工作中，得到了体育行政管理部门和学者们较为广泛的认可。

因此，可将社区体育的概念概括为：社区体育主要指在人们共同生活的一定区域内［相当于街道（乡镇）、居（村）委会辖区范围］，以辖区的自然环境和体育设施为物质基础，以全体社区成员为主体，以满足社区成员的体育需求、增进社区成员的身心健康、巩固和发展社区感情为主要目的，就近就便开展的区域性群众体育。

二 社区体育的分类

（一）按参与主体分类

通常社区体育按照参与主体的群体规模可以分为五种：一是个人体育；二是家庭体育；三是邻里（楼群、庭院或胡同）体育；四是微型社区（居委会）体育；五是基层（街道办事处）社区体育。

社区体育既可以以不同的单元，如个人、家庭、邻里、居委会和街道，参与不同规模的体育活动和竞赛，又可以以个人锻炼的形式在一定范围内，如家庭、楼群（胡同）、居委会和街道，开展体育活动和竞赛。

（二）按消费类型分类

通常社区体育按照消费类型可以分为三种：一是福利型。福利型社区体育主要面向弱势人群，如儿童、老年人、优抚对象、残疾人、社会贫困户等。二是便民利民型。便民利民型社区体育主要面向全体社区居民。三是营利型。营利型社区体育主要面向中、高收入人群，如白领人群。

（三）按活动时间分类

通常社区体育按照活动时间可以分为三种：一是日常性体育活动，如人们进行晨晚练；二是经常性体育活动，如在俱乐部进行活动；三是节假日体育活动，如节日、周末和寒暑假进行体育活动。

（四）按组织类型分类

社区体育按照组织类型进行分类，可以分为两种：一是自主松散型，自主松散型社区体育一般包括晨晚练体育活动点、社区单项（人群）体协、辅导站等；二是行政主导型，行政主导型社区体育主要包括街道社区体协、社区体育活动中心、社区体育俱乐部等。

（五）按参与人群分类

通常社区体育按照参与人群进行分类，可以分为六种：一是婴幼儿体育；二是学生体育；三是在职人员体育；四是离退休人员体育；五是特殊人群体育；六是流动人口体育。

（六）按活动空间分类

通常社区体育按照活动空间进行分类可分为两类：一是室内体育；二是户外体育。其中，户外体育又可细分为五种：一是庭院体育；二是公园体育；三是广场体育；四是公共体育场所体育；五是其他场所，如空地、广场、江河湖畔等体育。

第二节　社区体育的特征及功能

一　社区体育的特征

（一）综合性与自主性

社区体育构成要素的多样性及其内容的广泛性决定了其具有综合性的特征。社区体育的构成要素包括社区成员、体育组织、体育场地和设施、社会体育指导员等；社区体育的内容包括经营社区体育产业、提供社区体育资讯、开发社区体育活动、开发体育锻炼项目等。

社区体育的参与主体是全体社区居民，因此，在具有综合性的社区体育中，不同性别、年龄、职业、兴趣、体质的人都能找到适合自己的运动项目，这种活动的参与并非强制性的，活动内容可根据自身情况选择和安排，因此，社区体育还具有自主性。

（二）休闲性与地域性

社区体育与社会体育，既有区别又有共同之处，两者都具有一定的健身性和娱乐性。社区体育的健身性和娱乐性是统一的，反映了人身心合一的特点。社区体育并非一项工作或者劳动，而是人们在闲暇的时间内选择进行的一种活动，其目的是休闲和放松身心。因此，其具有一定的休闲性。

社区作为一个社会实体，其地域性特征相对突出。从社区体育的目的来看，其是将本地区社会成员的需求和愿望作为依据，一方面为本社区居民解决健康和娱乐等方面存在的一些问题，另一方面还能为社区成员提供多样化的服务。从社区体育的参与主体来看，社区体育的组织者以及参与者主要包括本社区的组织、单位和个体居民。从社区体育的活动范围来看，其主要局限于本社区特定的区域，在一定程度上，受到特定区域地理环境等条件的制约。

（三）多样性与自治性

社区体育的主体具有多质性，所以社区成员的体育需求各不相同。为了满足不同社区成员的需求，就必须根据实际情况，包括不同的地理环境、时间、参与个体等，采取多样的活动方式和组织形式，提供多样的活动内容和形式。因此，社区体育具有多样性的特征。

社区组织类型包括社区体育组织，自治性、基层性、民间性是其主要的特点。社会体育组织的成立和解散，以及组织成员的加入和退出，都没有一定的规定，不具有强制性，因此，较为自由。在社区体育组织中，采用自我管理和自我服务式的自治性管理。

（四）持续性与社会性

社区体育的目的在于满足参与社区体育全体居民的体育需求。因此，无论居民的收入状况如何、社会地位高或低，都不影响其平等参与社区体育，以及享受社区体育服务和使用公共体育设施等的权利。人们越来越重视健康，因此，健康的生活方式和观念已经逐渐成为社区成员参与社区体育活动的内在动力。人们对健康的追求以及对社区体育的参与，都将对社区体育的持续发展起到积极的推动作用。

社区体育是面向全体社会成员的，其并非单纯的政府行为，也并非单纯的民意活动。它是不同的社会主体和社区力量共同参与的过程。其参与主体的多层次及其体育需求的多样性，仅仅依靠政府得不到满足，它不仅需要政府提供的基本的社区体育公共物品和公共服务，还要依靠市场和体育中介组织、民间非营利组织来提供所缺失的私人体育物品和准公共体育物品。因此，社区体育具有社会性的特征。

（五）弱竞技性与消费低廉性

社区体育的弱竞技性和非正规性是由其综合性与自主性、休闲性和地域性以及多样性与自治性等特征决定的。社区体育的休闲性是以健身和娱乐为目的，其参与主体的自主性及其对体育多样性的需求，说明了社区体育的活动内容轻松活泼、简单易掌握，因此，社区体育活动不具备竞技性，其活动内容对场地和活动设施没有高要求。

社区体育消费低是由社区体育活动内容的弱竞技性、活动场地的非正规性以及管理的自治性决定的。社区体育活动内容的弱竞技性对参与主体专业化、专业指导、场地器材和服装等的要求都不高，所以说社区体育具有消费低廉的特征。

二　社区体育的功能

（一）推动社会转型

随着改革开放，社会经济得到快速的发展，单位体制的观念逐渐淡化，这也使得依赖工作单位生活的人们逐渐社会化，也就是说，人们不再仅仅依靠单位来解决生活需求的问题，更多的是依靠市场和社区，社区也就逐渐成为人们的主要活动阵地。

生活方式的转变，以及健康观念的增强，加强了人们对体育健身的认识和了解，健身娱乐就成为人们在社区生活中的一部分。另外，由于市场经济的发展以及经济类型的多元化，加上人口的老龄化，游离于单位之外的自谋职业者随之加多，社区体育的发展能在一定程度上提高他们的身体体质以及健康水平。

这些变化对社区体育的建设和发展提出了一定的要求，具体说来，就是基层社区要充分发挥体育整合、体育管理和体育服务等功能，积极建设和发展社区体育。因此，社区体育的发展有利于推动社会转型。

（二）提高生活质量

社区体育是在推广科学、健康的健身项目的同时，组织多样化的体育活动，为社区人们提供优质的社区体育管理和服务。因此，社区居民在参与社区体育活动的过程中，一方面，能享受社区体育带来的积极向上的文化娱乐生活；另一方面，还能培养人们良好的生活习惯，形成科学和文明的生活方式，从而使社区居民的生活质量得到不断的提高。

（三）亲善人际关系

社会的快速发展，提高了人们的生活水平和质量，但是，快节奏的生活方式疏远了人与人之间的相互关系，这在一定程度上影响了社会的稳定和团结。社区体育的兴起和发展，有利于增加人们之间的相互交流，对人际关系的改善能起到促进作用。

首先，社区体育活动是为了给社区居民提供一个社交场合，人们自愿参与，其开展方式是平等、自由、轻松愉快的，体育活动强调民主、平等、公正、协作等，这些都有利于加强成员间的相互认识和了解，从而拉近人与人之间的关系。

其次，社区体育活动的参与者，尤其是青少年，能在活动中了解和体会体育的价值，遵守道德规范，学习正确的行为方式，这些具有社会价值的学习有利于青少年形成适应社会的个性特点，同时，也能促进社区居民间良好人际关系的形成。

（四）增强认同意识

增强社区居民对社区体育活动的关心和认同意识能有效促进社区体育的发展。共同的利益和归属感是建立认同意识的两个基本条件。

首先，为了自身的健康利益，社区居民自主参与社区体育活动，这就为形成对社区体育活动的关心以及对体育活动相关的社区体育各方面，包括社区绿化、社区服务、公共设施、公共卫生等的认同意识创造了条件，居民间有了共同利益，社区成员间通过交流会达成共识，从而增强认同意识。

其次，各类社区体育组织开展社区体育活动，社区成员们在参与社区组织的体育活动的过程中，能获取自身健康的利益，从而建立了成员们对社区组织和社区的归属感。社区居民的归属感越强烈，越能使其感受到社区体育的发展，乃至社区的发展，自己是有一定责任和义务去付出，做出贡献的。因此，社区体育的发展，不仅有利于社区成员间彼此加强联系，还有利于增强社区成员们的认同意识，共同努力发展社区体育。

（五）完善社区服务

作为社区服务的主要内容之一，社区体育以满足社区居民的体育需求为核心，其通过社区体育服务满足居民的体育需求。随着社会体制的改革，根据社区的建设发展需要，社区服务在为社区成员提供饮食起居等方面便利的基础上，扩大了其社区服务的内容，并且逐步建立了教育、卫生、体育、治安等服务体系，随着社区成员健康需求的不断增加，社区体育也越来越受到人们的关注。为了满足社区成员对休闲娱乐的追求，不少社区开设了不同活动形式的活动中心，包括健身房、舞厅、双休日学校、周末俱乐部等，组织各类趣味性强的体育活动。

另外，随着社会城市现代化的发展，人们的住房条件得到了很大程度的改善，但是，这也给家里的老人和孩子带来了困扰，长期留守在家使他们很容易产生孤独感。社区能为他们提供一个社交场所，社区体育能作为一种较好的社交活动，帮助其消除孤独感。因此，社区体育能够在一定程度上满足社区成员的生活需求，能积极推动社区服务的完善，从而促进社区的发展。

（六）推动全民健身活动

在我国社会体制改革和体育事业发展的过程中，可以说社区是我国精神文明建设和全民健身计划实施的载体，社区的作用不容忽视。社会发展和体育事业发展的基本点就是社区，社会发展的重点在于社区建设，社区体育是社区建设的重要组成部分，可以作为全民健身活动的主要途径。

社区体育与全民健身有着密切的联系，两者之间是相辅相成的，其主要表现在社区体育能够为全民健身创造良好的条件，提供良好的环境；全民健身运动的开展能够提高社区成员的身体素质，从而更好地为社区体育的发展做出贡献。因此，社区体育的发展有利于推动全民健身活动的实施和开展。

第三节　社区体育的相关关系

一　社区体育与社区服务

（一）社区服务与社区体育

1. 社区服务的理念和功能

（1）社区服务的理念

作为现代文明象征，社区服务在一个国家和地区的发展程度是该国家和地区文明程度的重要标志。在社区建设中，建立完善的社区服务体系有重要的作用和意义。正确认识社区服务的理念，要掌握以下几个要点：第一，社区服务旨在一定的空间范围内谋求人们的共同发展。也就是说，社区服务在社区这一范围内，在为本社区成员谋求社区内重要问题的解决方法的同时，给予社区成员福利系统支持，不断完善社区服务。第二，社区服务的首要任务是动员社区成员积极主动、直接参与其中，对社区中的各种要素进行综合考虑，将其作为组织力量和发展资源，在自身问题得到解决的基础上，广泛关注社区服务，积极参与其中，促使社区服务形成一种具有主动性、双向性、互益性的参与行为以及社区成员之间的共同分享机制。第三，社区服务并非直接作用于人们的社会生活，它是从侧面进行调节。社区服务是使社区服务中的各项行为逐渐转变为社会行为的一个实践过程。可以说社区服务不仅是社区发展的有效手段，还能使人的对社会化的认识得到一定程度的提高。

（2）社区服务的功能

社区服务的功能主要包括五个方面：一是社会福利服务功能；二是社会化服务功能；三是促进良好社会风尚功能；四是扩大就业渠道功能；五是完善城市管理和服务功能。

2. 我国社区服务的基本特色

我国社区服务的基本特色主要体现在以下几个方面：第一，我国的社区服务是将社会发展的客观需要作为主要依据，在政府的倡导下，由居民积极主动地参与其中，有组织、有计划稳步地向前推进。社区服务的福利服务和社会化服务模式是符合我国国情和社会需要的。由于我国经济的发展水平不同，各地的情况也不相同，因此，社区服务的形式可以分为三种：一是无偿；二是抵偿；三是有偿。其财政支出不完全由政府承担，因此，在社会化服务的道路上，社区服务有进一步持续发展的广阔前景。第二，在我国的社区服务各项服务活动中，加强社会主义精神文明建设是一项重要任务。加强社会主义精神文明建设，一方面能够使人们的思想道德、社会公德和家庭美德得到提高，从而培养良好的社会风气；另一方面能够使社区内居民的团结、友爱、互帮互助的社区意识、社区凝聚力及其归属感得到增强。第三，我国社区服务的宗旨是"立足民政、面向社会""服务社会、奉献人民"。第四，我国社区服务的组织运行机制是"政府出面，民政牵头，各部门配合"。第五，我国的社区服务是社区和家庭同时并重的照顾类型。

3. 社区体育服务的定义、目标和特征

（1）社区体育服务的定义

社区体育服务指的是利用体育途径、手段和方法来进行社区服务。社区体育服务是社区服务的组成部分。社区体育服务应该满足两个方面的要求：一是符合社区服务的基本概念，具有社区服务的功能，体现社区服务的特色；二是应该具备体育的性质和特征。

综上，可将社区体育服务的定义概括为：社区体育服务是在政府的指导和扶持下，利用和开发社区内体育资源，发动和组织社区内成员，应用体育原理和方法，开展各种互助性的健身、娱乐和休闲等活动，以不断提高和维护社区成员的健康水平，满足人们相互交往、联络感情的精神生活需求，具有福利性质的社会服务或社会工作。①

社区体育服务的含义包括几个方面的内容，具体如下。

第一，福利性、互助性是社区体育服务的属性；

第二，社区全体成员是社区体育服务的对象；

第三，不断提高或维护社区成员的健康水平，满足人们互相交往、联络感情的精神生活需求是社区体育服务的目标；

第四，应用体育的原理和方法开展服务活动是社区体育服务的特点；

第五，健身锻炼以及丰富多彩的娱乐和休闲活动是社区体育服务的主要途径。

（2）社区体育服务的目标

社区体育服务要根据社区体育的发展，尊重社区居民的意愿和需求，利用社区内的体育资源，充分发挥其作用和功能。在自身需求得到满足的同时，相互帮助，谋求共同的利益，社区居民间要相互提供休闲、健身、娱乐等方面的服务，在此基础上，建立一个互助友爱的和谐社区，共同促进社区人民健康水平和生活质量的不断提高。

（3）社区体育服务的特征

社区体育服务的特征主要包括三点：第一，服务对象的指向性。这是社区体育服务的本质特征，即社区体育要将社区作为依托，其主要对象是社区内的全体居民。第二，服务目的的公益性。这是我国社区服务福利的本质属性，也是社区体育服务改革和发展所要坚持的主要特征。第三，服务方式的互助性。社区体育服务的方式是互助的，而不是完全依赖政府或某一体育组织长期帮助才得以开展的活动。

（二）社区体育服务的基本内容

1. 推广社区体育项目

目前，我国社区体育服务的基本内容主要包括在社区内推广和普及适宜的各类体育项目，从而使社区居民的健身方式更加丰富。虽然体育运动的内容和形式丰富多样，而且许多运动项目具有健身性、趣味性和娱乐性，适宜在社区内开展。但是，社区体育现状表明，社区居民用于社区体育的项目过于单一，这就需要社区体育服务对此进行推广。随着社会的发展，人们对体育健身以及娱乐等观念的认识会不断加深，社区体育的项目也会发生变化，把握变化的趋势，对社区体育项目的推广能起到积极的指导作用。

2. 提供社区健身咨询

社区体育服务的基本内容还包括有组织、有计划、有步骤地为居民提供社区体育健身咨询。这是因为社区成员年龄跨度大，职业种类多，受教育程度不等，对健身方法的掌握、健身原理的认识、医学常识的了解也就因人而异。为了让社区居民掌握正确的健身方法和有效的锻炼手段，形成文明、科学的健身观，进行科学锻炼、合理健身，从而达到健身娱乐的目的，提供社区体育健身咨询就尤为必要。提供社区健身咨询包括两个方面的内容：首先，社区各类体育组织和承担社区体育服务的人员要通过各种形式和方法去传播体育与健康知识，帮助社区居民树立正确的体育价值观，提高社区居民体育与健康的意识，让社区居民了解体育与健康的原理，以激发其参与社区体育锻炼的积极性和自觉性。其次，是为社区居民提供健康咨询，指导健身锻炼。社区的各类体育组织和活动站（点）的社区体育服务人员要指导社区居民如何选择与自己相适应、并有利于促进身心健康的技能和方法。

3. 积极开展社区体育活动

社区体育服务的基本内容还包括采用多种形式，发动、引导、组织社区成员开展经常性的体育健身活动。社区体育以经常性健身活动为主体，坚持业余、自愿、小型多样，遵循因地制宜、因时、因人而异和科学文明的原则。在开展各种体育健身活动中，要注意以下几个方面的内容：第一，要讲究科学，注意安全，重在参与，要实现传统健身养生法与现代健身方式相结合、个人锻炼与集体活动相结合、健身娱乐与医疗保健相结合、健身活动与节假日活动相结合，广泛开展形式多样的体育活动；第二，要引导不同特点的人群参加喜闻乐见的体育活动；第三，要关心和重视知识分子、老年人、幼儿和残疾人的体育活动；第四，要积极开展形式多样的竞赛活动，激发居民体育健身的积极性；第五，要以动员尽可能多的居民参加竞赛活动为基本出发点，办出特色，形成传统。

4. 加强社区体育设施建设

作为开展社区体育活动的基本保证，社区场地和设施的建设是搞好社区体育服务的主要内容之一，把体育活动的场地、设施建到社区里，才能为社区居民就近参加体育健身锻炼提供方便。因此，社区体育服务的基本内容还包括加强社区体育设施建设。

5. 培养社区体育骨干

培养社区体育骨干，并使其充分发挥在群众锻炼中的带头作用，能有效提高社区体育服务效果。对社区体育骨干的培养，可通过多种形式进行，如办培训班、现场指导等。培养各类健身活动和各活动站（点）的骨干成员，通过他们去影响和带动更多的社区居民加入锻炼的队伍，对社区体育的发展及其水平的提高能起到积极的作用。

二 社区体育与社区文化

（一）社区文化概述

1. 社区文化的含义

从微观的角度来看，社区就是一个小型的社会，社区文化是对社会文化的一种反映。社区文化孕育在社会文化的大环境中，从属于国家（民族）的大文化。从广义的文化视角来看，社区居民在长期活动中创造出来的物质文化和精神文化的总和，就是社区文化。如今，我国的社区文化包括两个方面的内容：首先，它秉承中华民族遗传"基因"，对传统的民族特色有所保留；其次，随着改革开放，现代的人文精神也得到了充分的体现。

2. 社区文化的特征

社区文化的特征主要包括六个方面，具体内容如下：

第一，地域性。社区文化是在一定的条件下，包括地理环境、社会形态、生产方式等，不同的因素相互作用的产物。社区文化的形成和发展具有本社区特有的风格。通常，社区文化的积累会随着时间的加深而越发深厚，其独特的地域性就越鲜明。

第二，独立性。社区文化的独立性既包括社区文化与社会文化的相对独立性；又包括各社区之间社区文化的相对独立性。由于社区文化是经过长时间的传承和积累的，因此，各个地区的社区文化都有自己的独立系统，很难完全同化和融合于社会或其他社区。

第三，开放性。现代社区处于一个开放的系统，随着经济的发展，社区人口流动大，各种文化活动的开展较为丰富多样。社会文化会随着社会成员的交往而进行多方面的交流。这样也在一定程度上加强了社区间不同文化的交流，包括本土文化和外来文化、通俗文化和高雅文化、传统文化和现代文化。

第四，多元性。社区文化的多元性特点体现在多个方面，主要包括以下几个方面：一是内容方面，即社区文化内容在保留传统风格的同时，还融合了现代的外来因素。二是模式方面，即社区文化模式既有以家庭文化为主的社区，也有以广场文化活动为主的社区，还有长期与辖区的企事业单位联合开展文化活动的社区。三是体制方面，即社区文化体制既有国营的、集体的，也有企业的、机关的、群众团体的，还有个体的、合资的等多种所有制并存的文化事业。

第五，群众性。这是社区文化的显著特点。由于社区文化通俗易懂，人民群众喜闻乐见，能使不同层次的居民得到精神需求上的满足，因此，社区文化受到广大群众的热烈欢迎，社区居民自娱自乐，积极主动参与其中。所以，社区文化有着广泛的群众基础。

第六，弥散性。文化具有自由、活泼的天性，社区文化是以社区为空间，也具有文化的特性。社区成员之间的关系相对比较稳定，由于交往得比较密切，其社区文化能在社区内得到较为迅速地弥散和传播。

3. 社区文化的功能

社区文化的功能具体表现在五个方面，即社会沟通、心理凝聚、价值导向、行为规范和文化传承。

（1）社会沟通功能

社区文化的沟通功能体现在两个方面：第一，社区文化能使社区居民个体与社区之间相互适应，不断融洽；第二，社区文化能增进社区内的居民之间的相互关系，加深彼此间的了解程度。

（2）心理凝聚功能

个体在社会系统中形成凝聚力在于心理的力量。社区文化以其特殊的沟通方式，增进社区居民的思想情感，融合社区居民的生活方式，培养社区居民的道德情操，激发社区居民的群体意识，增强社区居民对社区责任和义务的认识，加强社区居民对社区的归属感。

（3）价值导向功能

新的价值观念会在文化对历史的反思及其对经济生活的深刻影响中产生。社区文化在社区中具有较大的吸引力和渗透力。社区居民各方面的选择都体现了其受到社区文化吸引和渗透的影响，包括生活方式选择、道德选择、职业选择、婚恋选择以及信仰选择。所以说，社区文化在社区居民社会化的过程中，能发挥其价值导向的功能。

（4）行为规范功能

社区文化体现在许多方面，包括道德评价、价值取向、感情色彩等。社区文化在得到社区居民的认同后就会对社区居民产生一定的影响，在一定程度上约束了社区居民的行为，从而规范了社区居民的行为。

（5）文化传承功能

社区文化离不开社区居民对社区文化以及民族文化的行为贡献，包括手工工艺、窗花剪纸、健身方法、风俗习惯、民歌民谣、传统戏曲等，而这些通常凝聚着该社区居民的集体智慧和创造精神。社区文化产生于社区，并在社区中得到传承和发展。

（二）社区体育文化的含义和基本特征

作为社区文化构建的重要组成部分，社区体育还是体育文化的一个特定的领域。

1. 社区体育文化的含义

相比社区体育，社区体育文化的范畴更大。具体说来，社区体育文化指的是社区居民在长期的体育活动中，创造出来的体育物质文化和精神文化的总和。它集中反映和体现了在社区这一特定的时空内，人类体育实践活动及其产品，即物质和精神产品。

2. 社区体育文化的主要特征

（1）共享性。作为社区体育文化活动的创造者和参与者，社区居民还是社区体育文化活动的维护者和管理者。在社区体育文化活动中，社区居民在自娱自乐、愉悦身心的同时，相互交流，分享健身的经验和方法。

（2）指向性。指向人自身的身体和心理是体育文化的本质特征，体育文化属于对自身进行改造的文化类型。作为体育文化的特定领域，社区体育文化也具有这一特征。人们在日常生活中，进行有目的、有计划的体育锻炼，不仅能促进人的身心健康，增强体质，还能使有机体对各种环境的适应能力得到提高。所以，社区体育文化旨在加强社区居民的体育锻炼，以促进社区居民的身心健康，具有一定的指向性。

（3）时代性。社区体育文化在继承和发展传统体育文化，形成和维持本社区体育文化的自身风格和特色的同时，也紧跟时代的步伐，融合新的体育文化内容，使本社区的体育文化得到一定的补充，具有新时代的特征。

（4）多样性。社区居民的组成群体特质不同，其体育文化的形式也各不相同。社区居民可根据自己的需要和意愿选择体育文化的形式和内容。因此，社区体育文化的多样性在体育文化的形态、体制、运作方式、服务对象、服务类型、服务设施等各个方面都得以体现。

（5）教化性。在参加社区各类体育活动的过程中，社区居民要遵守相关规则，培养集体主义观念、爱国主义情怀、努力上进、团结协作等体育精神。社区居民在社区体育活动中对科学的健身理念的学习和接受，能够积极促进良好的社区风气的形成。

三　社区体育与物业管理

（一）物业管理与社区体育物业管理

1. 物业管理的基本内容

由于物业管理涉及的领域较为广泛，通常按其服务性质和提供服务的方式可将物业管理的基本内容分为基本的常规服务、针对性的专项服务、委托性的特殊服务三大类，具体内容如下。

（1）基本的常规服务

基本的常规服务主要包括：房屋设备、设施的管理；房屋建筑主体的管理；环境卫生管理；绿化管理；消防管理；治安管理；车辆管理以及公众代办性质的服务等。

（2）针对性的专项服务

针对性的专项服务可细分为以下几个方面的内容：

一是日常生活类服务。例如，为住户代购日常用品、车票、船票、机票等，收洗、缝制衣物，接送小孩上学，室内装修，打扫卫生等。

二是商业类服务。例如，开办美发厅、商店、各类维修店等。

三是文化教育健身娱乐类服务。例如，开办图书馆、幼儿园、学前教育班、老年学校、卫生知识展览、文化馆、健身房、网球场、游泳池、体育俱乐部等。

四是金融类服务。例如，代办各类保险业务及信用服务等。

五是经济代理中介类服务。例如，物业的租赁、销售、公证、评估等以及带有福利性质的各项服务工作。

（3）委托性的特殊服务

委托性的特殊服务需要符合以下几个条件：一是满足物业产权人、使用人的个别要求；二是受委托而提供的服务，实际上是专项服务的补充和完善。例如，替个人办理出国护照，送病人到医院就诊等。

2. 我国社区物业管理的模式

我国社区物业管理主要有五种模式：第一，地域型模式。由房地产开发商自己组成的或社会招标的物业公司管理。第二，机关大院型模式。大中城市中的政府机关与部队大院实行自建自管。第三，企业型模式。有独立厂区的大型工矿企业，具备衣、食、住、行、医疗、工商、政法、城管等机构，实行"大而全""小而全"的全面管理。第四，院校型模式。办学历史悠久，有较大规模的大学、中专，以学生为服务主体。第五，科研机构型模式。地处偏远的大型科研机构和实验基地，具备完善的政府职能机构，是一个完整的独立小区。

（二）物业管理与社区体育的相互关系

通常，社区物业的管理包括社区体育中的体育场地设施的管理。社区物业管理对社区体育中的体育场地设施的管理属于专项服务和委托性的特殊服务，具有针对性。具体说来，就是物业管理机构受到社区居民的委托，对社区内的体育健身娱乐场地及附属设施进行维护和管理等，它是通过委托合同向社区居民提供健身娱乐的有偿服务。为社区体育中的体育场地设施提供物业管理是以给社区居民提供良好的健身娱乐环境，从而使社区居民的健康水平和生活质量得到全面的提高为主要目的的。

在处理社区体育与物业管理的关系方面，我国当前主要采取五种管理形式进行，即行政型、福利型、个体经营型、企业化型和股份制型管理。

四　社区体育与单位体育

（一）单位体育概述

单位体育的管理体制与基本内容

机关、团体或属于一个机关、团体的各个部门，被称为单位。单位体育指的是在厂矿、企事业和机关等单位的职工中所开展的体育活动。单位体育是我国群众体育的重要组成部分，在党中央、国家体育总局、全国总工会以及各级体育行政部门、各级工会的正确领导下得到迅速地发展，取得了巨大成就。许多单位采取职工自愿的原则，利用业余时间，开展丰富多彩的体育活动，一方面，使职工的业余文化生活得到了一定的丰富；另一方面，使广大职工的健康水平和身体素质得到了全面的提高，对社会主义精神文明建设起到了积极的促进作用。改革开放以来，在发展社会主义市场经济的新形势背景下，许多单位为了适应新形势，满足单位职工的体育需求，积极进取，对单位体育活动进行了多方面改革，包括单位体育活动的内容、形式、组织、方法等。

随着我国市场经济体制改革的逐步深入，单位体育组织不断发生新的变化。例如，一些省区建立了职工体育协会、基金会、联合会；一些城市建立了片区联合的地区体协、街道体协；有的厂矿建立了宿舍区的幢区体协，还出现了体育宣传部，等等。这些体育组织结合经济活动，加强了横向联系，有利于推动群众体育的普及与提高。其中，街道体协和体育宣传部，在组织上将职工体育活动与城市居民的群众性体育活动联系起来，通过与整个城市的精神文明建设联系起来，一方面使单位的职工体育得到广泛的支持；另一方面，有力地推动了城市社区体育的发展。

（二）单位体育与社区体育的相互关系

1. 单位体育促进社区体育的发展

（1）单位体育为社区体育的发展提供丰富的人力资源

单位体育为社区体育的发展提供丰富的人力资源具体表现在两个方面：第一，衡量社区体育发展程度的重要标志就是居民参与率的高低。单位体育活动是有组织、有计划的周期性活动，将其活动人次计入社区体育的统计范围，能使社区居民体育活动的参与率得到有效的提高。第二，单位体育具有良好的群众基础，因此，单位职工中有许多体育骨干，他们在单位体育活动中发挥积极作用的同时，还能作为社区体育参与者，在社区体育中发挥倡导、组织、指导等作用。

（2）单位体育能丰富社区体育的组织体系

以共同型辖区单位和独立型辖区单位为例，其管理体系在单位的支持和帮助下比较完善，有的还配有专职管理人员。所以说，单位体育组织较为健全。由于单位体育社会化改革，加入这些体育组织，参与这些组织的体育活动的已经不仅仅是单位的成员，更有许多单位周边的社区居民参与其中。当社区居民参加这类体育组织的人数达到一定的数量，就说明单位体育组织与社区体育组织已经融合在一起了，也就是说，单位体育极大地丰富了社区体育的组织体系。

（3）单位体育能帮助解决社区体育场地设施不足的困难

目前，社区体育发展的难题就是体育场地、设施以及体育器材的不充足，尤其是一些老城区中的社区，几乎很难有面积较大的平整空地，因此，更无法建立各类球场。但是，在辖区单位，通常都有体育场地和设施，在一些大型的企事业单位，大多拥有较为完备的体育场地和设施。所以，在对单位的正常生产和工作没有影响，也不妨碍单位职工开展体育活动的情况下，辖区单位可以为社区体育提供相应的帮助，以解决社区体育场地器材不足的难题。

（4）单位体育能协助社区举办较大型的体育活动

社区发展水平的提高，较为显著的标志在于社区利用节假日举办较大规模的群众体育活动。但是，由于体育场地器材以及各方面条件的不充足，包括可提供人力、物力、财力等，往往需要辖区单位的协助。这类较大型的体育活动也可以通过商议让社区和单位联办，单位能为社区提供相应的场地器材、人力、物力，甚至还能给予一定的财力资助，同时，单位也能借此类体育活动扩大其影响力。

2. 社区体育对单位体育发展的影响

（1）社区体育有助于单位体育模式的改革

以行政事业型和福利型为主的传统运行模式，已经无法适应我国转型期企事业单位内部机制深化改革的需要。随着社会发展的需要，新型单位体育模式必须满足两个条件：一是集服务型和经营型为一体；二是要具有社会主义初级阶段特色。为了达到这一最终目标，单位体育模式必须进行一系列的改革。

随着社会的发展，改革开放政策的实行以及经济体制改革的深化，社区体育的概念被提出并逐步地发展起来，作为社会主义市场经济条件下的产物，社区体育的健身观念、体育消费意识、组织管理体系及工作过程都是与市场经济有着密切的关系。因此，单位体育模式向着符合现代社会需要的方向发展，不仅可以选择使完全型辖区单位体育与社区体育相结合，还可以选择通过共同型辖区单位体育和独立型辖区单位体育自身来创办社区体育。

（2）社区体育能在一定程度上满足职工对体育的不同需求

单位职工体育的物质水平在改革开放后得到明显的提高，其对精神文化的需求也日益丰富，单位体育模式一般是以全体职工为目标，其活动形式单一，体育活动数量有限，具有指令性，如在同一时间做同一套操。这就难以满足单位广大职工对体育活动的不同需求。然而，社区体育活动具有小型性、多样化、自主性等特点，能够弥补单位体育的不足，从而满足单位广大职工对体育活动的不同需求。

五 社区体育与学校体育

（一）学校体育概述

作为学校教育的组成部分，学校体育的任务是为社会培养德、智、体全面发展的人才。学校体育是终身体育的基础，国民体育包括学校体育、社会体育和竞技体育，这三者之间相互联系，共同构成我国的体育体系，同时，积极促进了我国社会的精神文明建设和物质文明建设。

1. 学校体育的功能

学校体育的功能不容忽视，其具体表现在三个方面：第一，教育功能。作为学校教育的一部分，体育不仅是一门学科，体育的内容还包含了人们对自身的认识和对生命的感悟等。所以，从教育观的角度来讲，学校体育是对学生进行全方位的教育，其中蕴藏着深刻的内涵同时具有极大的潜力。第二，健身功能。这也是学校体育最独特的本质功能。其主要体现在以下几个方面：其一能促进学生身体的正常生长发育、增强学生体质；其二全面发展学生身体素质和基本活动能力；其三提高学生对环境的适应能力以及对疾病的抵抗能力等。第三，娱乐功能。作为学校课外活动的重要内容，体育活动是学生休闲的重要方式，也是学生加强交际，增进友谊的平台，还是学生得以表现自我和展示自我的重要舞台。学生在参与学校体育活动的过程中，不仅能够锻炼身体，还能在不同的活动中找到乐趣，在愉悦身心的同时，增强体育锻炼的意识，从而逐渐影响学生的生活方式以及人生态度。

2. 学校体育的目标

学校体育的发展要将我国的国情以及各个学校的实际情况作为依据。由于学校体育的功能和要求随着社会的发展而发生变化，学生主体的需求以及学生不同阶段身心发展的特征也不相同，因此，学校体育的目标要结合实际情况来确定。总的来说，新时期学校体育的目标可分为总目标、课程目标、条件目标、过程目标和效果目标。

（1）总目标。从学生观的角度来讲，学校体育的总目标在于增强学生体质，促进学生身心的协调发展。从社会观的角度来讲，学校体育的总目标在于促进教育和体育的协调发展。

（2）课程目标。目前学校体育使用的是《体育与健康课程标准》。其课程目标确定为"五个领域（运动参与、运动技能、身体健康、心理健康和社会适应）、六个水平（每一个学习领域都根据学生不同的年龄特征划分出六个不同等级的具体学习目标）"。

（3）条件目标。条件目标包括体育场地器材与设备、经费、师资等方面的投入。

（4）过程目标。过程目标包括师资培训、体育教学、课余训练、课外体育活动、运动竞赛、科学研究、卫生保健以及各项学校体育工作的要求与管理。

（5）效果目标。效果目标包括学生的体育能力、学生的体质和健康水平、体育人才培养及科学研究等方面的最终结果。

（二）学校体育与社区体育的相互关系

1. 学校体育对社区体育发展的特殊作用

学校作为社区的组成部分，在一定程度上，学校体育促进社区体育的发展。另外，学校体育具有特定的功能和目标，因此，对社区体育的发展还具有特殊的作用，具体包括以下几个方面的内容。

（1）学校体育能为社区体育提供急需的人才

首先，在社区体育的发展中，存在一个短时间内难以得到解决的问题，即社区体育中懂得科学健身锻炼的指导人员和有效管理体育活动的组织人员相当缺乏。其他辖区单位能够提供部分人力、物力，但是其数量和水平有限。然而，辖区学校的体育教师都是经过专门学习和培训的专门人才，因此，可以作为社区体育的组织者、指导者和管理者。

其次，体育专门人才还包括大、中专学校体育专业和高水平运动队的学生。其人数众多，能够作为社区体育的人才库，为社区体育提供相应的人才。而且，在不同的学校中，还有大量的体育爱好者以及学校体育社团的成员，他们积极参加各类项目的业余训练，只要对他们进行相应的培训，他们也能成为社区体育所急需的人才。

（2）学校体育能增强社区体育的活力

社区体育中存在一部分相对活跃的成员，即活泼好动的青少年和儿童。通常他们也是辖区学校内的中小学学生，有了他们的积极参与，一方面，能给社区体育增加新的活力和生命力，使社区体育更加轻松活泼，为社区体育增加趣味性。另一方面，还能带动其家长关注和参与社区体育，促进社区体育走向"学校、家庭、社会"一体化道路。

2. 社区体育对辖区学校体育的影响

（1）社区体育能够丰富学生的课余文化生活

首先，比起学校体育，社区体育更加贴近生活、轻松自然，因此，能给学生带来不一样的感觉和全新的体验。加上部分大、中专学生还肩负社区体育指导和组织管理的工作，在活动的过程中，不仅可以更多地了解社区体育文化和地方文化，还能使自身的服务意识及各方面能力得到一定的锻炼。

其次，社区内的体育设施和器材为学生参与体育锻炼提供了方便。

（2）社区体育能拓展体育教学资源

社区体育活动具有多样化的特点，其中，舞龙、舞狮、扭秧歌、踩高跷、跳竹竿、抖空竹等体育活动项目，极具民间传统、民俗文化底蕴和地方特色。而且，这些传统体育项目对场地器材的要求不高，便于组织和开展，因此，可以成为现代学校体育与健康课程教学开发和利用的重要资源。

（3）社区体育促进终身体育思想的建立

如今，终身体育已经成为我国学校体育改革和发展的重要趋势。终身体育指的是从生命开始至结束参与体育，使体育成为人生中的重要内容；同时要以正确的体育价值观念指导人生不同时期、不同生活领域参加体育活动的实践过程。

社区居民可以从小在社区体育中接受体育指导，进行体育相关实践。人们在学校体育中接受系统正规的体育教育，其他时期皆由社区体育来衔接。另外，较学校体育而言，社区体育活动内容形式丰富多样，具有趣味性和自我性，尤其受到学生的喜欢，因此，社区体育对培养学生终身体育意识的形成具有增强和完善的作用。

第四节　社区体育兴起与发展的社会背景

作为群众体育的重要组成部分，社区体育的兴起和发展离不开群众体育发展的大背景。因此，为了更好地对社区体育兴起与发展的社会背景进行研究，首先要了解改革开放以来我国群众体育迅速发展的原因，其主要原因包括：第一，社会经济的发展为体育的发展提供了物质条件；第二，社会生活水平的提高，为人们参加体育活动提供了经济保障；第三，闲暇时间逐渐增多，保证了人们参与体育活动的时间；第四，人们的健康意识增强，参与体育活动成为人们生活的需要；第五，国家对体育发展的重视，有效促进了体育的发展。随着群众体育的发展，其逐渐孕育了一种新的体育形态，即社区体育。其兴起和发展的社会背景主要体现在以下几个方面。

一　社区体育兴起的内部动力

新中国成立后，由于其社会历史、经济、政治和文化等多方面的因素，逐步形成了"单位体制"，即由"单位"这一实体构成的社会调控体系。关于"单位"的理解，不应该将其理解为一个工作场所，它是一个以实现社会整合和扩充社会资源总量为目的的制度化组织形式，是国家与个人之间的连接点。由于单位体制的形成和强化，承担了许多本该由社区承担的使命，因此，在过去相当长的一段时间里，我国城市社区体育一直由单位、行业、系统组织开展，社区的发展一直未得到重视和发展。另外，由于我国城市多年来严重的"单位社会化"现象，使单位在担负其本质功能的同时，还要担负许多本该由社会和社区承担的社会服务功能，使单位变成了一个"大而大""小而全"的综合型社会单位，也就导致了单位功能泛化，效益低下。同时，社区的职责被"单位社会化"现象变相剥夺了，这就使得社区服务功能萎缩，人们的社区意识淡薄，社区归属感差，因此，更加依附单位，造成恶性循环。

1984 年，我国开始实行城市经济体制改革，其以转变企业经营机制为核心，一方面强化了企业的经济功能，另一方面对政府和事业单位的编制进行了压缩，从而加快了工作节奏。在此之前，我国的城市管理体制是以行政管理为主的，由区、街道、居委会三个层次组成，随着我国经济体制改革的深入和城市化进程的加快，这种管理体制已经不再适应城市发展的要求，其具体表现在以下几个方面：第一，经济体制改革迫切要求企业和其他单位的社会职能外移，而现有城市管理体制和功能难以承受这些社会职能；第二，城市管理任务日益繁重，自上而下的行政管理机制面临严峻挑战；第三，城市管理的工作量、任务量在成倍增长，原来的层层负责的行政性、直接性管理方式已经无法承担和落实；第四，经济结构的调整和居民生活质量的提高，给城市社区建设和管理赋予了新的使命。这一系列的变化对"单位社会化"现象产生了较大的冲击，单位的许多非主要职能也逐渐分离给社会，由社区来承担。单位再也不会像计划经济时期那样经常占用工作时间组织体育活动和竞赛，由单位管理为主的社会体育也受到了越来越多的限制，当单位无法满足人们的体育需求，人们的体育活动就开始由单位转向社区。所以说，城市经济体制改革是社区体育兴起的内部动力。

二　社区体育发展的外部条件

随着社会的发展和社会经济体制的改革，党的"十四大"提出了建立社会主义市场经济体制。在市场经济体制下，经济发展主要按区域进行规划和组织。市场经济体制的建立，对城市基层社区建设提出了更高的要求，众多的社会服务职能分离到社区。

深化经济体制改革的需要必须在以下几个方面进行加强：首先，要加强社区建设。社区建设的重要内容包括社区体育，社区体育也是社区文化服务的重要组成部分。开展社区体育不仅能增强社区居民的体质，丰富社区居民的业余文化生活，改善社区居民的生活方式，提高社区居民的生活质量，密切社区居民间的人际关系，培养社区居民的感情，还能增强社区凝聚力，强化社区意识，促进社区的安全和稳定，对社区的精神文明建设能起到促进的作用。其次，要加强社区管理和社区服务。社区管理和社区服务两者关系密切，是一项系统工程。随着人民生活水平的提高，社区管理和社区服务的质量与居民的生活、工作和学习的关系也日渐密切，所以，必须尽快建立与经济体制改革相适应的管理有序、服务完善的社区管理体制。

总之，发展社区体育不仅仅是体育事业的需要，也是社区建设、社区管理和社区服务的需要。社区体育发展的外部条件就是建立与市场经济体制改革相适应的社区体育管理体系。

三　社区体育发展的催化剂

随着社会人口结构性变化加剧，社会管理的难度增大。下岗、失业人员的出现，增加了社会复杂因素。加上我国离退休制度的建立，大批的离退休人员涌向社区，人均寿命的增长加快了人口老龄化的速度，我国也成为老龄化国家。

由于社区老龄化人口增多，一方面，老年人拥有大量的闲暇时间，另一方面，他们对健康长寿和重建社会交往圈的迫切需要，使得体育活动成为他们理想的选择。因为体育活动不仅能够使老年人保持健康、增强体质、延缓衰老，还能扩大老年人的社会交往、消除其孤独感与寂寞感。老年人对体育的参与和热爱，推动了社区体育的发展。虽然，老龄化成为全社会的焦点问题，是人类社会进一步发展的新问题。但是在一定程度上，社区老龄人口的增多，增长了人们对体育的需求，因此，可以说社区老龄化也是社区体育发展的催化剂。

第五节　我国社区体育的发展现状及趋势

一　我国社区体育的发展现状

（一）社区体育的管理体制

由于目前我国城市基层社区体育的管理体制正处于构建之中，因此，还未形成较成熟、完善的管理体制。我国城市社区体育组织管理是以社区体协为主，其他区域体协为辅的，因此，具有明显的组织结构基层化特点。社区体协的组成包括社区办事处、社区单位以及居委会。它是以社区办事处为依托，以社区单位和居委会为参加单位，属于上位管理型组织。而属于下位活动性组织的包括：居委会体育小组、社区单位体协、体育服务中心、体育俱乐部、体育辅导站、晨晚练活动站（点）、专门体协等组织。其中，社区体育与单位职工体育，两者关系密切，社区单位体协是其具体表现。

从城市社区体育发展的管理体制角度来看，城市社区体育在以往群众体育"以条为主"的管理体制上有所突破。从城市社区体育发展的管理角度来看，群众体育已经深入到了城市的最基层，并且形成了新的群众体育管理体制，这一管理体制是"条块结合""以块为主"的，为我国实现群众体育普遍化、生活化提供组织保证。

我国城市社区体育组织形式主要有五种：一是社区体协；二是住宅区体协；三是晨晚练活动站（点）；四是地（片）区体协；五是街道体协。群众体育健身活动的基本阵地主要包括城乡社区体育指导站和活动站。据调查，全国城市和乡镇体育指导站数量正逐步增加，其中，县级体育指导站增加比例较大。基层体育指导站数量的增加，为我国建立健全的社区体育组织网络奠定了良好的基础。

（二）社区体育活动状况

1. 社区体育的活动形式

社区体育的活动形式主要包括两种：一种是日常性活动。日常性活动主要在晨晚练活动站（点）进行，活动规模受场地条件限制，大小不一，以小规模活动为主。另一种是经常性体育竞赛。体育竞赛既可以安排在节假日，又可以按季节安排举行。其活动内容根据各社区开展的体育活动的不同而有所差异。

2. 社区体育的活动内容

目前，日常性晨晚练活动的主要内容分为五大类，即走、跑、操、拳、功。具有明显的非竞技化特征，同时又表现出韵律性、表演性、传统性和文体一体化等特点。社区体育活动的内容和形式多种多样，但是，各社区对于体育活动内容的选择，通常会根据本社区的体育传统以及社区场地和设施等条件进行选择，其中娱乐性、趣味性强的体育活动更受社区居民的青睐。

3. 社区体育活动参与人群

由于社区体育活动形式和内容不同，因此，社区体育活动的参与人群也不同。通常，日常性（晨晚练）活动主要以附近的居民为主，老年人占较大比例，其中，女性居多。由于体育竞赛活动的计划性较强，制定计划时一般能兼顾到各类人群。部分社区还有专门为少年儿童、妇女、残疾人组织的比赛。

（三）社区体育活动的管理和指导

通常，社区体育活动的管理者以兼职为主，专职为辅；社区体育指导员以义务服务为主，有偿服务为辅。

1. 社区体育活动的管理者

据研究表明，在社区体协中专职管理者所占比例较少，其中，不少管理者是由身兼数职的管理人员兼任，少数管理者是由聘请的离退休人员担任。由于大部分管理者身兼多职，工作内容较杂，因此，在社区体育工作上，管理人员很难投入较多的精力。

2. 社区体育活动的指导者

体育指导员分为有偿和无偿两种，其中无偿指导员所占比例高于有偿指导员。晨晚练活动站（点）的社会体育指导员主要由离退休人员担任，担任体育指导员的人员只有少部分受过专业培训。

据了解，我国 2001 年才开始初步形成了一支群众体育工作队伍，其以体育行政管理人员为主导，以体育社会团体人员和乡镇、街道体育干部为主线，以社会体育指导员为主体。

（四）社区体育的物质条件

社区体育的物质条件主要包括两个方面：一是社区体育活动的场地设施；二是社区体育活动的经费来源。

1. 社区体育活动的场地设施

随着对体育认识的加深和对身心健康的追求，人们对体育的需求日渐增长，现有的正规体育活动的场地难以满足人们的实际需要，因此，人们已经将体育活动场所扩展到了公园、空地和江河湖畔。所以社区体育活动的场地不仅包括社区单位体育场（馆）、社区公共体育场地，还包括空地、公园和江河湖畔等，各地的晨晚练活动基本上都是在这些场所中进行的。

从 1998 年开始，国家体育总局利用体育彩票公益金修建了全民健身工程。这些健身场地、设施的投放使用，在一定程度上，使社区健身场地、设施不足等问题得到了有效的缓解。

2. 社区体育活动的经费来源

目前，基层社区活动经费主要来自个人缴纳的会员费或比赛报名费、社区拨款、社区单位集资、赞助四个渠道。其中，个人缴纳的会员费或比赛报名费获得的经费金额较多。缴纳会员费、培训费、比赛报名费等方式主要是解决晨晚练活动站（点）的经费问题。社区的经济实力决定了社区拨款数量的多少。社区单位集资的形式主要包括缴会员费、团体报名费等；社区单位进行赞助的方式一般是用产品或企业名称命名比赛。

（五）社区体育存在的问题

目前，社区体育存在的问题归纳起来主要包括以下几方面。

1. 社区体育的中青年参与人群不多

就目前而言，社区体育的参与人群不多，其锻炼人群年龄呈两头大、中间小的现象，参加锻炼并经常坚持的人群主要包括老年人和学校学生。中青年，尤其是上班族参加社区体育锻炼的人数较为稀少。

2. 社区体育的场地器材不够充足

社区居民身边的体育场地和器材，以及公益性的健身场所十分缺乏。

而且现有的体育场馆一般不对外开放。因此，人们日渐增长的体育健身需求得不到改善和提高。

3. 开展社区体育工作的经费投入不够

社区体育工作的开展较为困难的是用于社区体育工作开展的经费投入较少，而且，社区体育专门人才不多，社区体育没有形成健全的组织和管理系统。这给社区体育健身指导增加了困难。

4. 社区体育服务没有明确的定义

对于社区体育服务的性质，人们的认识和理解各不相同。这使社区体育服务组织管理和未来发展的指导思想，在实际操作过程中容易产生分歧。另外，对社区体育服务的功能也没有清楚的定位。

5. 社区体育组织的管理有待加强

通过改革和人员调整，社区体育管理机构在工作的方式和方法上，存在与社区体育发展的形势不相适应的问题。例如，社区体育组织管理人员在工作中存在着忙于其他事务，而疏于对社区体育工作的宣传和动员；另外，其在加强管理、法规建设以及对理论和实践研究等方面也有待加强。

二　我国社区体育的发展趋势

（一）社区体育主体多元化

受到闲暇时间的限制，日常社区体育活动的参与者将仍以离退休人员和青少年学生为主。随着中青年在职人员、学生以及各类体育爱好者对体育锻炼的需求增大，根据其体育利益取向的社区化趋势，必然会使社区体育主体多元化，尤其是在周末及节假日等在职人员的休息时间，将会有更多不同的人员参与社区体育活动。

（二）社区体育组织网络化

由于人们对体育的需求不断增加，社区体育只有形成网络化的组织和管理体制，才能更好地满足社区居民对体育的需求。作为城市基层政府的派出机构，街道办事处是城市基层社区的管理部门，有责任，有能力，也有可能成为社区体育组织网络的依托。

（三）社区体育活动业余化

虽然目前社区体协和一些区域性体协开展的社区体育活动并非完全业余化，但是，由于企业经营机制的强化、事业单位的缩编、工作节奏的加快，将会越来越多地限制非业余的体育活动的开展和进行。另外，人们充分利用清晨、傍晚、周末、节假日的时间进行体育活动，将使社区体育活动时间的业余化程度得到不断提高。

（四）社区体育内容与形式多样化

只有多样化的体育活动内容和活动形式才能满足人们不断增长的体育需求。一方面，现有的韵律性、表演性、传统性体育活动内容，将在人们进行晨晚练活动过程中继续受到人们的青睐。另一方面，随着社区体育场地、设施的不断提高和改善，其他的竞技化、非竞技化体育活动内容也会逐渐加入人们的体育活动中。在晨晚练活动和每年几次的比赛、表演的同时，也会开展家庭、楼群、庭院等多种形式的体育活动和竞赛。

（五）社区体育设施将更加完善

社区的不断发展，会提高人们的社区体育意识，改变社区体育价值取向。全民健身计划的实施，在社区现有的体育场地和设施得到充分利用的同时，也将在一定程度上推动社区体育场地以及设施的建设，使其更加完善。

第二章

现代新型社区体育体系的构建研究

社区体育体系的构建需要坚实的理论基础。因此，本章将首先对构建社区体育的新模式进行研究，之后为了更好地发展，对社区体育与学区体育的结合进行详细的研究，最后就社区体育服务体系的建立与完善做一个深入的研究。

第一节　构建社区体育的新模式

一　社区体育发展的小区模式

（一）社区建设的主要特征及对小区体育发展的影响

1. 生活小区化导致社区服务的小区化

目前我国的城镇住宅建设的基本模式大多为生活小区，所以小区生活服务与设施配套问题是非常重要的。这使得社区服务逐步向基层延伸，以小区为单位的各类居民自治性组织不断产生，为小区体育组织的产生创造了良好的条件。

2. 社区精神文明建设工作路线成为构建小区体育组织的重要依据

目前我国的社区精神文明建设的工作路线为"文明小区—文明社区—文明城市"，所以，建设文明小区是这条路线的基础，更是重点。所以，社区体育也必须相应地采用以小区为单位的组织工作方式，建立相对独立的小区居民体育活动组织模式。

3. 小区体育的组织原则遵从"共享、共建"原则

"各方共建、资源共享"是我国社区精神文明建设的重要原则。所以小区体育组织的发展也要遵循这一原则。在小区体育的组织发展中，要做到政民齐办，共同开发和利用社区体育资源，从而促进社区体育活动的

开展。

（二）社区体育的小区模式

当前，我国社区体育的主导形式是行政管理制，但随着住宅小区的建设和规范，这种管理体制也必然会发生变革。首先应对行政型体育组织系统进行深化改革，从而使不同层次的活动组织得以开展，缩小活动规模，构建行政主导型的社区体育组织。此阶段呈现出辐射型的组织结构（图2-1），其特征为仍旧沿用行政管理体系，建立多层次体育组织。其次，民间、行政共建体育组织，构建社团主导型的体育组织系统。社区行政在改善体育设施条件、加强指导和财政援助等各个方面大力支持，促进社团组织发展。这一阶段呈现出网络状的组织结构（图2-2）。这一阶段具有采用社团组织管理体系的特征，社区行政给予人、财、物支援。最后形成由居民自由结合而成立的社区俱乐部组织，这一阶段的社区体育的主要任务是构建会员制俱乐部组织。此时社区行政只从体育政策法规角度管理社区体育，并适当优惠地提供社区资源供俱乐部使用。这一阶段呈现出独立型的组织结构（图2-3）。这一阶段以独立经营的俱乐部模式为特征，采用自主管理的办法独立开展活动。这使健身点、站形成网络管理体系，保证社区体育活动沿着科学、健康、正确的方向发展。

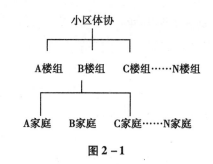

图2-1

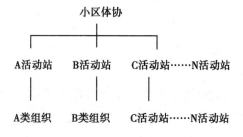

图2-2

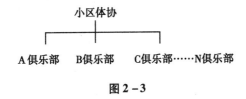

图 2 - 3

二　社区体育发展的学区模式

学区体育是为适应学校体育设施对外开放的要求而专门组织的一种新型社区体育形式。这种模式以一所或几所相对集中的学校为中心划分地区范围，不一定要以行政区域为划分标准，而是要以学校为主要活动场所，以居民和学生为对象，通过有效利用学校的体育设施开展社区体育活动。在目前及今后的一段时间里，学区体育是解决社区体育场地与设施不足的难题的有效措施。

之前，我国社区体育组织的基本层次以街道为单位的情况较多。但是随着社会的发展，改革的不断深入，从需求的角度来看，以街道为基本层次的体育组织存在许多不足。比如社会体协，由于其会员构成基本上是以企事业单位为对象，所以个人会员少，社区居民很难从中受益。从开展活动的形式看，以组织定期或不定期的体育竞赛为主，但却不能保证常态化的居民健身活动。从管理角度看，行政管理色彩较浓，组织形式单一，组织之间没有互动，体育健身的氛围没有体现出来。因此，为了让社区居民更广泛地参加体育锻炼，为居民提供更完善的体育服务，一种新的社区体育形式是必要的，而以学校为中心的新型社区体育发展模式恰恰符合这一切的要求，符合当前社区体育发展的需要。

日本在学区体育模式的探索上做了成功的尝试。以日本的成岩体育俱乐部为例，在其成立的最初五年当中，其在经营理念、经营方针、组织活动方面形成了一套完整的管理模式。成岩体育俱乐部成立时的想法就是为了让孩子融入社会，使青少年体育成为社区体育的一部分，而在更为广泛的全体社区居民当中，俱乐部想使社区居民不分年龄，成为一个共同体。同时，在成岩体育俱乐部的作用下，社区居民能够方便地利用学校体育设施进行体育锻炼。自此之后，学校与社区的合作渐渐形成了学校对社区的帮助，学校为社区体育的进行提供了活动场地与俱乐部办公室，甚至还有一批专业的教师志愿队伍，从而形成一种学校与社区共有的理念，由于学校向社会开放物质和人力资源，所以学校成为社区体育的核心。

学校体育设施对外开放，不仅是当前社区体育发展的需要，而且在我国体育政策法规当中也是明确要求的。但是在现实的执行当中，在实际开放过程中，由于存在责、权、利不清，服务对象、管理办法不明的情况，使得学校体育设施的开放处在一种两难的困境之中。正常开放的话，对设施器材的使用频率增加，导致其维护难度增加，而管理上的麻烦也使得校方不堪重负。若不开放，对于体育相关部门的有关规定又是一种违背，更何况学校也愿意通过开放加强与社会的联系，以谋共同发展，只是上述问题尚待解决。

我国的《全民健身计划纲要》明确规定"全民健身计划以全国人民为实施对象，以青少年为重点"。在社区内有各种群体，其中包括以青少年为主的学校。在每个社区中，中小学是不可缺少的组成部分。全国约有99万所中学，1032所全日制高校。如此众多的学校在社区体育中有能够发挥特殊作用的巨大潜力。学校在开展社区体育中有许多优势，这些优势的开放利用，可以使学区体育的组织更加规范合理。

因此，要使学校体育设施对外开放，同时实现学区体育模式的良性发展，就必须从整体上进行改革，使其符合社会发展的需要，又要遵从其自身发展的规律。

建立学区体育模式需要进行细致的前期铺垫，具体如下：

（1）以学校为中心划分学区范围，并同校方密切联系，共商学区体育模式的建设前景。

（2）成立学校体育设施对外开放管理委员会，以便对体育设施对外开放使用进行管理。

（3）学校可以举办各种体育辅导班，同时联合社区，这样就能够吸引社区居民参加培训，提高科学健身的水平。

（4）通过社区征集爱好体育并有一定技能或健身知识的学区体育志愿者，辅导学区居民和学生的体育活动。

（5）学校与社区间互通并开展体育竞赛，制订完备的活动计划，共同举办不同水平的竞赛。

（6）定期举办孩子和家长能够协同参加的体育活动或竞赛，鼓励居民家庭体育的发展。

学校体育设施对外开放的前提是进行整体的改革，在改革过程中，要逐步由单纯型开放向复合型开放转化。学校体育设施开放的有效形式是建立学区体育模式的基础。学区体育模式在学校体育设施开放的同时，能够促进社区体育发展，从而缓解社区体育难题。学区体育是打破学校与社区界限，推广我国终身体育事业发展的极佳形式。学区体育是社会体育与学校体育的结合点，因此，学区体育模式的建立对学校体育向社会体育转化具有积极的影响作用。

综上所述，学校的管理要开放，同时加强与社区的联系，同社区成为一个整体。只有将这些都合理协调完善，并付诸行动，学区体育模式的建立是水到渠成的。

三　社区体育俱乐部发展模式及经营策略

现代都市人的生活的重点是追求生活品位，提升生活质量，而且人们已认识到身体健康才是追求高品质生活的基石，日常健身的习惯正成为人们生活的一部分，因此，社区体育俱乐部将成为社区体育发展的主要模式之一。在当前的社会条件下，依托社区的自然环境与人文环境，成功运作社区商业体育俱乐部就变得很重要，要想做到这些，就应考虑如下因素。

（一）量身服务目标群体因素

成熟社区的配套服务的定位很明确，居民消费水平、消费习惯辐射的地理区域可以根据实际情况框定下来，所以在社区商业体育俱乐部创建之初，要满足以下几点。

（1）要进行的是符合实际而且全面的市场调查，调查中的因素要包括地理位置、竞争对手、消费水平、消费习惯以及行业态势等，因为社区体育俱乐部只有建立在现实需要的基础上，才能提供准确的服务。

（2）明确目标市场是非常重要的，尽管调查后已对于社区的个性化特征有了一个初步的了解，但从投资的角度分析，其差别化需求也许并不能整合成一个规模市场，因此要进行投资的可行性分析。而对于怎样投资，或者投资额的设定，那就只有对目标群体进行明确才能定下来，目标群体的确定可以从年龄、收入、文化、职业、爱好等诸多方面考虑。

（3）社区体育俱乐部一定要结合自己的优势和实力，提供恰当、精细的服务，这样客户与俱乐部的供求关系才会越来越稳定，从而有利于形成相互交流，相互促进的良性体系。

（4）差别化的策略和促销能增进社区体育俱乐部在消费者当中的亲

和力。而上班一族的锻炼时段往往很固定，针对他们可以借助价格、超值服务等看得见的手段进行调整，从而保证每天不同时段都有适中的锻炼人数，从而保证良好的健身效果和资源的有效利用，而个体的差异化决定了对同样服务的满意度不同，因此俱乐部服务人员应通过对每个锻炼者的需要和愿望进行了解，提供个性化和人性化的服务，来满足锻炼者的差别化需求。

（二）权重影响因素

西方经济学当中有一个公式是用来描述市场的，即市场 = 人口 + 购买力 + 购买欲望。一定量的人口是组成市场最重要的因素，近年来，我国的人口状况出现了以下两方面特点：一方面是农村人口大量向城市迁移，城市流动人口剧增；而另一方面则是晚婚趋势明显，同时离婚率增高。在考虑人口因素时，社区居民的年龄构成和生活方式也是研究市场的人口因素中非常重要的一点，购买力的大小则由经济环境来决定，与收入、价格，储蓄和信贷等多种因素有关。购买欲望指人们得到那些满足自身需要的特殊物品和服务的愿望。而在社区商业体育俱乐部的发展中，他们能够对客户的购买欲望产生影响和引导。购买欲望取决于社区商业体育俱乐部的服务质量、价格高低、品牌形象、服务环境和地理位置等诸多因素。

社区商业体育俱乐部要想能够吸引足够多的锻炼者，获得顾客忠诚度，就必须要持续提高自己的服务质量，而当所有俱乐部之间提供的服务质量水平没有太大的差别的时候，价格的高低便成为左右锻炼者进行选择的决定性因素，一家俱乐部如果想在本来的价格水准下留住顾客，就要注重自己的信誉度和品牌知名度，从而影响社区体育服务的整个过程，当然其中还包含许多无形的要素，比如服务环境是锻炼者能够通过直观的感受体会到的，环境的设计需要因潜在的锻炼者的不同而随之不同。另外一点，社区商业体育俱乐部属于区域经济，人们往往会选择交通便利、周边环境宜人的俱乐部健身，所以社区体育俱乐部的选址几乎是最为重要的因素之一。

以上对社区体育俱乐部的影响因素形成了一整套相互联系、相互制约的完整体系，只有每一个环节都完善起来，社区商业体育俱乐部的经营才能走上正轨，而处在不同的发展阶段时，每一种因素对社区商业体育俱乐部的发展影响程度都或大或小，俱乐部应就诊把脉，权衡利弊，将经营策略调整到最佳。

在发展中，首当其冲的应该是培育和发展消费市场。健身市场做得越大，那么投资者的收获也就越大。发展市场的手段可以通过媒体或标牌进行健身宣传，为居民开展健身咨询，有利于培养社区居民的健身意识。除此之外，社区商业体育俱乐部与街道办事处，可以联手举办面向全体社区居民的社区体育活动，将有利于社区体育的发展。而且不同社区商业体育俱乐部间可以举办一定数量的体育比赛，这也能够成为加快社区商业体育俱乐部发展和树立自身形象的有效途径。

除了市场的扩展，营销管理也同样重要。因为未来的市场的扩张，必须依赖于服务营销管理策略的应用，这里的营销策略主要指的是外部营销、内部营销和交互作用营销的灵活应用，做到这些的前提就要求社区商业体育俱乐部灵活运用定价、分销、促销等营销组合要素，对俱乐部职员经常进行进一步的培训，使其服务水平不断提高。而锻炼者也经常以自己对所消费服务的满意度来评价服务质量，并且在亲友中常常谈及，这是使其他顾客决定选择该项服务的关键因素，因此，不断提升服务质量是商业体育俱乐部发展的核心。

第二节 社区体育与学区体育的结合

社区体育的发展离不开学区体育的帮助，因此，只有将社区体育与学区体育紧紧结合在一起，才能够使社区体育得到良好的发展。

一 我国社区体育与学区体育结合的条件

（一）终身体育观的提出

终身体育是受到了终身教育思想的影响和启发而形成和发展起来的，因此终身体育可以视为终身教育体系的子系统。终身体育思想为社区体育与学校体育结合提供了理论指导。它是由人体的发展规律、体育锻炼的作用以及现代社会的发展所决定的。终身体育的主旨就是主张将有意识、有目的、有计划、科学的、系统的体育教育贯穿于人生的整个过程，提倡每个社会成员都要自觉地、积极地进行运动锻炼和体育健身，从而促进人的身心全面发展和健康长寿。人体机能活动的特点要求人们的体育锻炼必须长期坚持。而现代社会的生活方式更是要求体育锻炼成为人们日常生活的组成部分，这样能发挥重要的作用。体育锻炼需要科学指导和不断接受体育教育，才能充分发挥其作用。因此要求学校体育教育要延伸到居民所在的社区体育中去，同时社区体育借助学校体育的资源实现每个居民个体的终身体育化。

终身体育主要包括两方面内容：

（1）人从生命开始至结束，都在不断地学习与参加体育锻炼和健身活动，增强体质，提高健康水平，因此，终身体育锻炼有着明确的目的性，并真正能够使体育成为人生中不可缺少的重要内容。

（2）在终身体育强身健体思想的指导下，以体育的体系化、整体化、科学化为目标和手段，为人生不同时期、不同生活领域提供参加体育活动机会的实践过程。

终身体育观念的提出不仅给传统的学校体育注入了新的理念，而且还是促进学校体育走向现代化和社会化的强大推动力。从终身体育的角度来看，学校体育的任务不单是在学龄期间促进学生身心全面发展，保证学生以健康的身体和充沛的精力去完成学习任务，还应使学生在毕业以后，能根据主客观情况的变化，不间断地独立从事科学的身体锻炼，从而能够终身从中受益。所以，联合国教科文组织的一篇著名报告曾提出："要突破学校教育的狭隘眼界，把教育扩展到人的一生，成为每个人最基本的生存能力。"这就要求，一方面，学校体育教育要充分利用各种社会的因素来提高教育的效率，另一方面，学校教育要自觉地渗透、延伸和融合到社会的各个方面。所以学校体育要自觉地认识到社会发生的变化，有意识地主动将社区体育与学区体育有机结合，才能从根本上改变传统社区与学区体育隔离的封闭状态，从而使学区体育适应社会发展的需要，并大大提高其效率和实效性。同时，社区体育本身也应该认识到这一任务，在实施过程中，尽量体现其教育作用。

（二）《全民健身计划纲要》的颁布与实施

20 世纪 60 年代以来，国际大众体育的迅速发展使得各国政府和很多体育组织对其重视起来。1985 年，国际奥委会成立了以"扩大活动范围，探索新的发展前景和新的平衡，更全面地满足人们的愿望"为宗旨的大众体育委员会，后来委员会与联合国教科文组织、国际卫生组织、国际体育科学和教育理事会联合签署发展大众体育运动的协议，提出"合作的目标是促进全民体育和全面健康"。世界各国都对大众体育的发展给予了高度的重

视，纷纷制定法律法规对其大力推进，我国为响应大众委员会的倡导，顺
应世界体育发展潮流，也在 1995 年颁布了《全民健身计划纲要》。我国的
全民健身计划是一项国家领导、社会支持、全民参与的体育健身计划，是
与实现社会主义现代化目标相配套的社会系统工程和 21 世纪发展战略规划
的重要内容之一。其总体发展目标是：要经过不断的开拓进取，建立较为
完善的、具有中国特色的全民健身体系，提高我国国民参与体育的意识，
扩大经常参加体育活动的人数，普遍增强国民体质，使国民体质及群众性
体育的主要指标能够在 21 世纪中叶达到或超过中等发达国家水平。

《全民健身计划纲要》中指出"全民健身以全国人民为实施对象，以
青少年为实施重点，着力于增强全民族的体质"。这种全民健身体育的社
会观向"横向"展开，强调社会个体性与整体性，这一强调实际上就是
把学区体育放在了全民健身事业的基础位置，可以理解为，抓住了学校体
育，就等于抓住了全中国的体育工作。

在全民健身计划中，学区体育起着基础的作用，对全局的发展至关重
要。学区体育实施的成功与否直接关系着高素质人才的培养质量。而我国
社区体育是城镇社会体育和群众体育发展的重点，因此，全民健身计划是
主要依托城镇社区综合服务机构得以实施，社区体育成为了推动全民健身
日益普遍化、经常化的优先发展阵地。学区体育和社区体育已成为我国落
实《全民健身计划纲要》的两个最为基础的重点环节。《全民健身计划纲
要》的实施对学区体育和社区体育提出了新的要求，同时也为社区体育
与学区体育的结合构筑了实现的平台。

（三）相关法律的颁布

为了发展体育事业，增强人民体质，提高体育运动水平，促进社会物
质文明和精神文明建设，我国相继出台了一系列法律法规，为社区体育与
学区体育结合提供了思想指导。大力支持社区体育与学区体育结合的重点
的法律法规如下。

（1）1995 年 6 月 20 日，我国颁布了《全民健身计划纲要》。

（2）1995 年 8 月 29 日，我国第八届全国人民代表大会常务委员会第
十五次会议通过了《中华人民共和国体育法》，该法于 1995 年 10 月 1 日
实施。

（3）1997 年出台了《社区体育工作意见》。

以上法律法规当中都明确规定各种国有体育场地都要向社会开放，加

强管理，从而提高使用效率。

1999 年中共中央、国务院在《关于深化教育改革全面推进素质教育的决定》中明确指出："要调整和改革课程体系、结构、内容，建立新的基础教育课程体系，实行国家课程、地方课程、学校课程"，以期通过构建一个开放性的课程体系，增强课程对地方和社区的适应性。该决定还进一步强调："深入动员社会各界关心支持和投身素质教育。学校、家庭和社会要互相沟通、积极配合，共同开素质教育新局面。"

2002 年 7 月 22 日，中共中央、国务院制定和下发了《关于进一步加强和改进新时期体育工作的意见》。其中指出：加快我国体育事业的全面发展，满足广大人民群众日益增长的体育文化需求，并借此推动我国社会主义物质文明建设和精神文明建设的发展，是全党、各级政府和全国各族人民的一项共同任务。还指出，学校、机关、企事业单位的体育设施也要努力实现社会共享。

以上法律法规的颁布，除了促进了社区体育与学区体育的发展之外，也为社区体育与学区体育的结合创造了条件。而《中华人民共和国体育法》的颁布实施，则是新中国体育发展历史上的一座里程碑，它的出现不仅填补了国家立法的一项空白，结束了我国体育事业发展无法可依的历史，使我国体育事业的发展步入了法制化、规范化、科学化的轨道，加快了配套体育立法步伐，促进了体育行政部门的职能转变，还增强了体育行政部门依法行政、以法治体的能力，为我国体育事业的发展奠定了法律基础，对我国社区体育与学区体育的发展具有非常重要的意义。

（四）大众传媒对体育的大力宣传

《从中国群众体育现状调查看学校体育》一文中曾根据 1996 年的中国群众体育现状调查，得出如下结果：

我国城乡居民参加群众体育活动，受到各种社会因素的影响，其中在学校期间养成的体育兴趣、爱好和习惯起着重要的作用（占 27.54%），其次是大众传播媒介的影响（占 18.42%），随后是受同事的影响（占 9.98%），受家人的影响（占 7.15%）。因此，通过大众传媒对体育的大力宣传，将会为社区体育与学区体育结合营造更加和谐的体育氛围。目前，我国大众传播媒介发展迅速，形成了以广播、电视、报纸和互联网为主的全方位、立体式的体育宣传网络。所以大众传播媒介对体育的宣传与报道对促进我国体育事业的发展有着重要的作用。

随着时代的发展，我国大众传媒对体育新闻和体育赛事等进行更加频繁的转播和报道，对体育健身知识、体育健康价值观进行的宣传递增，这将会进一步促进我国"人人关心体育、人人参与体育"的体育格局的形成，为社区体育与学区体育的结合营造更加和谐的体育氛围。

（五）体育基础设施的大力建设

从 20 世纪 80 年代初开始，我国从各个方面都加大了对体育基础设施建设的投入，使社区的物质条件不断得到改善，我国经过几十年的努力，共建设了 60 余万个体育场馆，建设总面积达到 7.8 亿平方米，人均体育场馆占地 0.65 平方米，平均每 10 万人拥有 50.82 个体育场地。而全国用于体育基本建设的各种投资还在以每年 56.7% 的速度增长着。我国所推行的体育彩票，其收入每年都会拨出 60% 用于全民健身，并且在国家体育总局"体育彩票公益金"全民健身工程和各地基层社区的共同努力下，全国上百个城市已有几千条健身路径被开通。

随着国民经济的发展，国家和地方政府将继续加大对社区体育基础设施建设力度，以及对学区体育场地设施的投入，这将为社区体育与学区体育的结合提供更加丰富的物质资源。

（六）信息技术和电子产品的广泛应用

随着全球经济一体化和以信息技术为先导的技术革命的发生，信息时代已经展现在我们的眼前。当前，世界正在快速地步入信息时代，信息化是当代社会的一个主要特征。

改革开放 30 多年以来，我国在现代信息技术方面得到了迅猛发展，社会的信息化程度不断提高，手机、计算机等高端电子产品已经普遍应用在人们的工作和生活之中。据有关部门调查，我国平均每 100 人拥有的手机数量呈急剧上升趋势。计算机得到广泛地普及，我国已经成为世界上网络用户最多的国家。人们通过互联网对体育信息的摄取、沟通和管理也变得更加简单化和便捷化。社会信息化程度的不断提高，信息技术和产品的广泛应用，将会在社区体育与学区体育结合模式的民主决策与管理，活动的科学组织、指导与开展中，发挥越来越重要的作用，为社区体育与学区体育结合提供通畅的信息沟通平台。

二　我国社区体育与学区体育结合的原则

（一）整体营造原则

社区体育和学区体育在联合互动过程中应当注重社区体育的整体、和谐发展，这是社区体育与学区体育结合的整体营造原则的要求。同时这也意味着需要社区内所有相关组织、群体之间整体力量的配合，才能够营造社区体育与学区体育结合的良性氛围。

另外，社区体育与学区体育结合不能盲目地、随意性地互动，必须要通过与政府结合，才能提高学区体育的教学效果和管理水平，促进社区的精神文明建设，改善社区体育开展现状，从而提高社区居民的健康水平，最终达到进一步提高社区居民的生活质量的目的。

（二）教育性原则

社区体育与学区体育结合的教育性原则的提出是依据社会学对人群的研究。相关研究明确指出，人的行为主要是在其所属群体，以及这些群体内发生的相互作用中形成的。这是社会学对人群研究的基本观点。社会学重点强调社会是以一个有机的整体存在的，在整个社会当中，社会的各子系统之间都有密切的联系。因此，在社会条件下，自然人成为社会人，人的发展是社会化的必然结果。综上所述，学校和社区要在体育一体化发展中为居民创造体育锻炼的条件和机会，同时在体育活动的组织和实施过程中要更加注重育人的效果，学校体育与社区体育的特点决定了这一切。而其意义主要在于以下这三点。

（1）在一体化体育活动中，要能够使体育锻炼者的社会认同感、团队意识、竞争与合作精神得到积极培养，从而让他们能够正确对待自己和别人，在活动的交往中建立平等、公正友好的人际关系等，增强社会凝聚力。

（2）在一体化体育活动中，以育人为核心，对活动设计精心安排，并且创造良好的氛围，合理运用集体教育的因素，在这一基础上，实践互教互帮、评比与竞争、典型示范等措施，从而带动各项活动的顺利开展。

（3）在一体化体育活动中，所有的体育锻炼者都是活动的主体、团队的主人，主体身份象征着他们不仅能积极地参加一体化体育活动，还能够引导他们成为一体化体育活动中的组织者与管理者。

总而言之，在社区体育与学区体育结合模式的组织、领导和具体实施过程中，教育性原则必须贯彻，运用集体性的教育因素能够使这一过程更具针对性、直观性和实效性，从而通过社区体育与学区体育教育效应，达到整体育人的目的。

（三）主体性原则

实现社区成员整体素质的提升，是学校体育和社区体育一体化发展的强劲的内在动力。当今时代的主要特征是"以人为本",这一特征强调一切发展都要以人的发展为重点。社会条件对个人发展起着制约作用,是因为个人生活在一个具体的历史阶段里,在这一条件下,向什么方向发展,发展到什么水平,社会历史条件都起着决定作用。人的发展的决定条件源自社会,在这一条件下,少年儿童是社区体育与学区体育工作的重点对象,社区体育与学校体育能够为青少年学生提供体育学习的机会、实践场所和氛围,同时也能为社区其他成员提供体育服务,从而满足社区成员不断增长的体育文化需求。所以,社区体育与学区体育结合要考虑学生的主体性需要,注重多方面的管理,从而形成一个有利于青少年儿童身心健康的社会环境。

（四）民主平等原则

社区体育与学区体育相结合需要遵循民主平等原则。这一原则主要涵盖了以下两方面内容。

1. 社区体育与学校体育在结合过程中居于平等地位

社区与学校并非是自上而下的行政关系,而是一种平等主体之间的关系。学校具有独立的法人地位,因此可以在法律允许的范围内独立与社区组织签订合约,享有合约规定的权利并承担合约规定的义务。

2. 社区体育与学校体育在结合过程中要彼此尊重

社区体育与学校体育除了要在地位上平等外,民主平等原则还意味着学校体育在与社区体育互动过程中,其互动的具体事宜以及双方的权利和义务在衡量的过程中更要彼此尊重对方的意见和建议,为双方的利益共同着想。

社区体育与学区体育的结合过程是一个互利的过程,任何一方所得利益都不能以另一方的绝对付出为代价,因此必须依据民主平等原则。

（五）目的性原则

我国社区体育与学区体育的根本利益具有一致性,我国的社会主义制度决定了这一特性。我国统一的组织领导、统一的指导思想、共同的方针目的,这些都保证了我国社区体育与学校体育目的是一致的。针对当前社会发展的趋势,中国共产党提出了跨世纪社会主义现代化建设的宏伟目标与任务,对落实科教兴国战略做出了全面部署,并明确指出:"我国现代化建设的进程,在很大程度上取决于国民素质的提高和人力资源的开发……认真贯彻党的体育方针,重视受教育者素质的提高,培养德智体等全面发展的社会主义事业的建设者和接班人。"这个目标集中反映了国家对体育对象的要求。党认为体育是一项系统工程，要求学校、家庭和社会各个方面一起来关心支持我国的体育事业。

因此，社区体育与学区体育结合要坚持目的性原则，坚持贯彻党的体育方针及我国体育发展的总目标，具体做到结合社区体育和学区体育工作的特点，以人的发展为本，以"健康第一"为目标，机动灵活而又富有成效地开展体育活动，从而满足学生和社区居民提高健康文化生活质量的要求，促进我国社会主义精神文明建设的进一步完善。

（六）开放性原则

社区体育与学区体育结合的开放性原则要求教育本身必须建立开放的态势。因为开放、吸收先进事物是教育发展的根本保证，而自我封闭、建立在象牙塔内的教学方式与现代教育是格格不入的。

教育的开放性，主要体现在以下三个方面：

1. 对外开放

对外开放是指教育系统要面向社会开放，在教育的过程中要增加与社会的沟通与交流。学校的教育过程和教育环境与社会的联系不断加强，家庭、社会成为教育的有机组成部分以及延伸部分。

2. 对内开放

对内开放是指教育资源应向全体社会成员开放。在学校体育方面也概莫能外，学校的体育教师可以在社会体育当中担任指导员；学校的体育设施可以在一定的时间内向社会开放，这既能提高学校体育设施的利用率，也在一定程度上解决了社会公共体育设施不足的状况。

3. 社会文化、娱乐、体育设施应尽可能地向学校开放

这样做不但能够充分利用现有的社区和学区的体育资源，而且使学生和社区所有成员都有机会享受体育的权利，享受体育带给人们的健康、快乐。

综上所述，开放系统组织应具有两个特性：

第一，组织内部各个系统间的统一协调性和相互依赖性，也就是说它有着内部适应性。

第二，组织必须具有高度的外部适应性，这样才能够应付系统环境中许多无法预料和控制的突发事件和情况。现代教育系统的结构越发复杂，这种情况加强了对办学的内部控制，提供了抵抗混乱环境的坚强堡垒。但

随着社会主义市场经济体制的完善，随着改革开放和社会主义现代化建设的不断进步，我们的教育体制也将不断改革。改革的目的是为了适应，适应的结果是为了更好地发展。

（七）法制规范原则

社区体育与学区体育结合的法制规范原则是指社区体育与学区体育的结合应该在国家法律法规的框架内依法进行。在当代的社会条件下，随着市场经济体制改革和社会各方面改革的逐步深入推进，我国各项社会事务都将逐步纳入法制化进程。教育体制改革在党的领导下稳步推进，教育法制建设也颇有成就。我国先后颁布的《中华人民共和国义务教育法》《中华人民共和国教师法》《高等教育法》等一系列教育法规政策，对推进我国教育法制化进程起到了积极的作用。在依法建立法制化国家的过程中，社区建设也被纳入到法制化进程当中。

然而，由于我国社区建设还未成系统，教育的法制化也尚未完善，学校体育与社区体育的研究也还需要进一步深入，所以目前我国在专门的规范学校体育与社区体育互动的法律法规方面尚未完善。虽然在《高等教育法》《中华人民共和国义务教育法》等法律法规中有着关于学校与社区联合办学、筹措教育经费、开展校外教育等内容的规定，但这些规定大多仅仅停留在原则指导性的层面，还没有细化成可操作的规则和要求。所以为了规范社区体育与学区体育的良性结合，必须制订出详细的操作规则，在法律法规的监督下，实现共同发展。

（八）资源共享原则

社区体育与学区体育结合的资源共享原则是指在学校体育与社区体育结合过程中，并不是某一方单纯付出，另一方单纯接受。如果是这样的形式就不能称为结合，而且给予的一方如果长期得不到回报，那么这一过程很可能会出现严重的问题。目前我国开展社区体育存在缺少专门的体育人才、缺少设施等一系列问题。这些问题都很能说明我国社区体育在有形资源上严重匮乏。而我国大量的体育专业人才和良好的体育设施等有形资源在学校居多，社区则在体育文化等无形资源方面具有学校无法比拟的独特优势，这说明两者的体育资源之间有很强的互补性。所以学校体育与社区体育走资源共享之路是极佳的结合方式。因此，在社区体育与学区体育的结合过程中，要共同寻求资源共享。

三 社区教育与学区教育结合的要求

教育也是社区的一项重要职能。因此学校教育应当与社区教育紧密联系、互相配合，充分挖掘并发挥社区的作用，将其作为全面培养学生的重要途径。因此就要满足以下要求：

（一）终生学习要求社区教育与学区教育相结合

终生学习是建设学习化社会的重要理论基础，它的提出和发展，它的含义界定以及它的基本类型和意义都反映出对社区教育与学区教育结合的要求。

1. 终生学习的提出与发展

2000 多年前，我国伟大的圣人孔子就萌发并实践了终生学习的思想。而伊斯兰教的创始人穆罕默德在经书中也有这样的名言："人生应当自摇篮起学习到墓穴。"可见，终生学习的思想早在古代一些大思想家的言论以至行动中就体现出来了。终生学习自古就是先哲的一种向往，一种追求。但是，作为一种教育思想，作为一种社会性行为，一种广泛的行为方式，终生学习只有现代社会才有实现的可能。近些年来，终生学习的问题在世界范围内受到更为广泛重视，日本提出要建立"终生学习的社会"。美国以学习化社会为目标，并力图尽快把美国改造成"学习之国"。我国政府也在积极推进终生教育，并在《中华人民共和国教育法》中做出了明确规定。

2. 终生学习的含义界定

终生学习的中心词是学习，而这种"学习"则是广义的。1994 年"首届全球终生学习大会"在罗马召开，会议指出："终生学习"是通过一个不断的支持过程来发挥人类的潜能，它激励并使人们有权利去获得他们终身所需要的全部知识、价值、技能与理解，并在任何任务、情况和环境中有信心、有创造性和愉快地应用它们。这正是终生学习观念的本义。台湾中正大学胡梦鲸也对终生学习下了如下定义：所谓终生学习是指贯穿人生全程的学习历程，此一历程包含正规、非正规及非正式的学习活动，旨在配合人生各阶段的社会角色与发展，以达成发展个人潜能，提升生活品质，促进社会改造的目标。

3. 终生学习的三种类型

（1）正规学习

正规学习，即学习者在正规教育体制中的学习活动。它在教师的引导下有目的、有计划、有组织地进行学习，学习者置于正规集体，多以接受间接性的认识为主要内容，以学习书本知识为主要形式。学习者能在相对短的时间内系统地掌握经过前人探索、概括、提炼和检验的认识成果——完整化的知识体系。在此过程中，学习者既具有受动性，又具有一定的能动性。学习者在教师的主导作用下，在思想教育、兴趣激发、评价激励等各种教育措施的影响下，能够发挥出应有的积极性、自觉性，但在学习科目、学习内容、学习进度等方面不由自己选择，与非正规学习和非正式学习相比，正规学习的受动性特点较为显著，我们熟悉的义务教育阶段的学习更是如此。

（2）非正规学习

非正规学习指在正规教育体制以外的有组织的学习活动。具体可分为两种，一种是学前儿童在家长指导下的启蒙学习，一种是从正规学校毕业后参加的各种进修，如参加扫盲学习岗位培训、函授大学、广播电视大学、自学考试等形式的学习。非正规性学习多不具备义务性质，具有相当程度的自主性特点，学习者根据需要自愿参加。

（3）非正式学习

个别的自学行为即为非正式学习，即指学习者个人为实现自己的理想目标或满足自己工作、生活、兴趣等需要而自觉进行的学习活动，从学习目标的制订、学习内容的选择，到学习进度的掌握、学习方式方法的采用，或为扬长，或为补短，悉由己便。非正式学习具有完全的自主性的特点。

4. 终生学习三个类型之间的关系及意义

正规学习、非正规学习、非正式学习三种类型的学习，共同构成了终身学习的体系。其中，正规学习多在青少年时期进行，非正规、非正式学习多为成人学习。这三种不同类型的学习，在不同时代、不同社会有不同的比例，不同个人也总有不同的经历，但成人学习总是占据了人生的大部分时间。当今社会，学制体系前延后伸，学制年限有所延长，人的平均期望寿命也有所提高，因此，一生中还是以非正规和非正式的成人学习为主。因而，摆脱以学校为中心的传统观念，努力以成人教育、社会教育促进成人的学习，仍是终生学习体系的主旨。当然，正规学习的时间进度相对较小，但它为非正规和非正式学习奠定基础，地位十分重要。事实上，一个未进行过正规学习的人，是很难有所作为的。可以说，在今天的社会中，三类不同的学习不可缺少，协调整合，共同促进人的终身发展。当今世界，知识经济时代已向人类扑面而来。而终生教育是知识经济的成功之本，学习化社会已是时代发展的大趋势，有效地开展社区教育是实现人的终生学习需求的根本保证。因而将三种类型的学习协调整合，促进学习化社区教育发展成为新的历史使命。

（二）教育发展的趋势要求社区教育与学区教育相结合

以社区为依托开展各种形式的终生学习活动是当今教育发展的一种趋势，这主要体现在以下两个方面：

1. 教育的存在和发展离不开社区

联合国教科文组织指出，社会不能通过一个单能的机构对它的一切组成部分无论在任何领域内发挥其广泛而有效的作用，不管这个机构多么广大。如果我们承认，教育现在是，而且将来也是每个人的需要，那么我们不仅必须发展、丰富、增加中小学和大学，而且我们还必须超越学校教育的范围，把教育的功能扩充到整个社会的各个方面。学校有它本身的作用而且将有进一步的发展。但是我们越来越不能说，社会的教育功能乃是学校的特权。所有的部门——政府机关、工业、交通运输都必须参与教育工作。地方部门共同体和国家共同体都显然是具有教育作用的机构。从这个定义来讲，未来的教育必须成为一种协调的整体，在这个整体内，社会的一切部门都从结构上统一起来。这种教育将是普遍的和持续的。而社区正是把各种具有教育功能的社会组织、机构统一协调起来，以满足广大受教育者。作为一种社会现象，其存在、发展离不开一定的社会环境，具体讲，离不开一定的社区。

2. 学校教育发展正趋向社区化

走社区化道路可以使学校摆脱传统的脱离社会、脱离实际的封闭状态。社区化的教育可以促使学校的教学活动紧密联系社区经济发展、社区建设的实际，为社区发展做出应有的贡献，与此同时，也从社区获得了仅靠教育系统很难得到的种种发展的条件和机会。成人教育发展也趋向社会化。成人教育与社区的经济、政治、文化等各方面的发展有直接和紧密的关系。成人教育社区化，以社区为单位调配、使用资源，可以使其更充分、合理地发挥作用；社区学校与一般成人学校不同，作为社区的一个重要组成部分，可以起到社区教育中心、社区活动中心的作用，可以充分发挥自身的教育作用，为社区教育以及其他方面的发展发挥最大的力量。

总而言之,各种类型的学习与教育都以社区为依托,充分利用整体化的社区资源优势发展自己,密切联系当地经济、社区发展的实际,在推动社区经济、社会发展中发挥应有的作用,实现自身的价值,获得发展的广阔空间。终生学习的生活性、非正规化、灵活多样性、与各方面联系密切等特点,决定了它要以社区为依托,与社区协调发展。

(三)社会、家庭、学校教育一体化的要求

中共中央、国务院颁发的《中国教育改革和发展纲要》提出:"全社会都要关心和保护青少年的健康成长,形成社会教育、家庭教育及学校教育密切结合的局面。"这一要求是我们全面贯彻党的教育方针,提高教育质量,促进"应试教育"向"素质教育"转变,培养跨世纪的"四有"新人的基本保证。而实现这一要求的组织保证就是社区。多样化是社区终生学习的基本特点。目前出现的由区、县、街道、乡镇组织的地域统筹型社区终生学习模式,由厂矿企事业单位、学校联合兴办的中心辐射型社区教育模式和根据自身需要由多个单位联合举办的互惠组合型社区终生学习模式等,其中,地域统筹型社区学习模式是最为普遍的终生学习模式。这一模式的特点是具有鲜明的社区性。它借助地方政府的权力,充分利用地区行政管理、社会管理的网络,调动各方面因素,开展社区终生学习活动,从而形成地区性的教育管理体制。这种管理体制冲破了"垂直领导""自我封闭"式的教育管理体制,具有明显的权威性高、统筹性强、覆盖面广等特点,有利于终生学习活动的开展。通过社区把社会教育、家庭教育同学校教育密切结合起来,不但为青少年的健康成长,而且为所有需要终生学习的社会成员都能提供坚实的组织保证。在新的时代里,我们将进一步研究和实践,如何通过社区教育把终生学习活动广泛、深入地开展起来,这将是一个对于教育发展,乃至对于整个社会发展都具有重要的战略意义的事情。

第三节 建立和完善社区体育服务体系

完善的社区体育服务体系对于社区体育的发展是至关重要的。只有这一体系完备了,社区体育才能真正地为人民大众服务。

一 社区体育服务体系要立足社区体育服务发展的客观需求

由于国家制度、社会背景及发展程度不同,因此各个国家对于社区的划分和理解也不尽相同，中国对于西方的社区体育服务体系只能借鉴而不能照搬。由于服务的实施都以需求为导向，社区体育服务的开展是为了满足居民生活娱乐的需求，因此，社区体育服务体系的构建也必须以立足于中国社区体育服务的客观需求为目标，要有利于我国社区体育服务的发展，有利于提高社区体育服务的综合质量，有利于提高居民对社区体育服务的满意度。因此，构建适合中国的社区体育服务体系应当在审视我国国情的基础上，切实立足中国社区体育服务的客观需求，这一体系的建立才能够达到目标。

（一）符合中国的基本国情

中西方在社区划分和社区组织运行机制方面的区别很大，所以参考西方在这方面的研究结果是存在一定的困难的，因此建立符合中国国情的社区体育服务体系必须与中国的实际情况结合起来，才能得到有效的运用并发挥作用。尽管如此，西方的社会学理论以及社区研究理论对于中国的社区体育研究的参考价值仍然不可低估，尤其是目前的中国正处在社会转型时期，西方发达国家在转型过程中所出现的问题，很可能在中国社会同样出现，所以从实践的角度看，其借鉴价值还是很高的。

中国目前还处于发展阶段，虽然经济和社会各方面均发展很快，但与西方发达国家相比而言，在许多方面的差距仍然很大，主要在社区层面，在社区建设的经费、居民的收入水平、居民的生活娱乐意识等方面有着较大的差距。由于西方社会经济发展水平很高，所以他们的社区建设经费相比而言较为充足，政府资助较多，经费筹集的渠道也比较广泛，加之社区建设发展时间比较长，所以社会力量参与机制比较完善，居民生活水平通常很高，他们对于体育锻炼的参与意识也比较高。

以美国为例，社区体育中美国可动员的社会资源包括以下几点：

1. 慈善捐赠

美国慈善机构掌握的善款相当于其全国当年 GDP 的近 9%，其增值部分往往会用于社区福利和慈善事业。美国每个家庭每年的社区捐款平均在 1000 美元左右，总额是慈善机构捐献善款的 7 倍至 8 倍。

2. 志愿服务和居民服务付费

2000 年，美国公民提供的志愿服务能够创造 2392 亿美元社区价值，这个金额超过了当年美国新建住房所花费的 2202 亿美元。居民付费占美国 140 多家非营利机构开展社区服务收入的一半。

3. 企业社区发展项目

美国许多企业在社区设有项目发展计划，每年开展的社区公益服务价值达到几百亿美元。

以上这些数据在中国目前的社区建设当中是不可能获得的。因此从经济层面上说，中国社区体育服务主要存在经费不足、社区体育指导员数量与质量均不高、场地设施稀少陈旧等问题。并且同美国这样的国家相比，居民、企业等社会力量对社区体育服务的参与意识的差距也很大。以上这些十分现实的问题构成了中国社区体育服务的现状。因此，构建科学的社区体育服务体系，除了要符合中国的基本国情之外，还不能盲目制定过高的标准，当然，也不能要求过低，务必要与中国当下的社会经济发展状况相适应，才能保证社区体育服务体系的正常运行，发挥其效用。

（二）满足居民需求

1. 立足社区体育服务发展现状

中国社区体育活动现象最早是出现在 20 世纪五六十年代的，当时我国社区体育组织管理处于完全民间组织形式的状态，所以社区体育服务的形式大概是依靠社区居民之间的自助互助而进行的，其组织较为松散，也谈不上稳定性。经过 50 余年的发展，尤其是在改革开放后中国经济的飞速发展，以及党和国家的高度重视之下，中国的社区发展也进入了高速发展的状态，而作为社区发展的重要组成部分，社区体育服务的发展也是欣欣向荣。目前，我国东部沿海经济发达省市社区，已经出现了体育协会和体育俱乐部形式的社区体育服务，这种在欧美等发达国家地区比较普遍的社区体育服务形式已在我国生根发芽。

在中国社会城市化进程的发展中，尤其是中国迈向小康社会的进程中，社区体育服务将会向着社区体育协会和社区体育俱乐部的方向发展。社区体育服务随着中国社会制度改革和经济发展而发展起来，它的健康发展对不断完善有中国特色的社区体育形式，提高人民群众的身心健康水平有着重大的理论意义与实践价值。

目前，众多学者及体育实践工作者对中国的社区体育服务发展现状进行了调查研究。大概得出了以下研究成果，发现了许多我国社区体育服务发展中的问题（表 2 - 1）。

表 2 - 1　　　　　　　中国社区体育服务在发展中存在的问题

社区体育服务要素	问　　题
社区体育组织管理	社区体育管理职责不明
	社区管理人员数量不足，管理水平与能力不够
	社区人口参与面狭窄，仍然以老年人为主体
	社区内各单位各自为政，没有形成社区体育的整体合力
	社区缺乏"以人为中心"的管理理念
	适应社区体育管理的法律、法规还不健全
	缺乏效果评定和激励机制
社区体育的设施与经费	社区可供支配的活动经费过少，经费筹集机制不合理
	社区体育设施配置不完备、不均衡
	社区体育设施存在安全隐患
	社区体育场地、器材管理不善
社区体育指导及其人才状况	社区体育指导员数量不足
	社区体育服务人才专业素质不高
	社区体育指导员以兼职为主，服务效率不高
	尚未建立有效的"等级社区体育指导员"的定期培训制度
社区体育项目及活动	社区体育项目单一
	社区体育信息服务途径单一，内容不丰富，信息宣传的覆盖面窄
	缺乏社区体育活动

2. 立足社区居民的社区体育服务需求

社区体育服务的概念是在政府的资助和支持下，根据社区居民不同的体育需求，由政府、社区内各种组织、机构或个人所提供的具有社会福利性或微利性的一种社会体育服务。它的范围圈定在人们共同生活的一定区域内，大概就是基层社区辖区范围，其物质基础就是辖区内的自然环境和体育设施，主体则是全体社区成员，其目的就是要满足社区成员的体育服务需求、提高社区成员的生活质量、巩固和发展社区感情。其中，使体育生活化，在社区体育服务中是一个核心观念。随着中国居民的经济、文化水平不断提高，人们对于健康的需求意识也越来越强烈。所以目前的情况就是公众渴望获得高质量的社区体育服务，其对社区体育服务的需求进一步扩大，要求也随之增高。

从科学角度分析可以将影响中国城镇居民大众体育需求的各主要因素

分为五个维度：保障类因子、社会心理因子、供给类因子、经济类因子以及环境类因子，对这些影响因素进行初步分析。还有学者对全国若干城市的 200 余个社区的近 600 个活动点进行了调查，对中国城市社区居民的体育需求特征进行分析。调查中发现，对于社区居民来说，在社区体育当中的主要追求是社区体育健身与娱乐的统一、人际交往与心理健康的统一、缓解工作、生活压力与积极生活方式的统一。因此可以总结出，现阶段社区居民休闲生活方式变化的主要特征就是从单一休闲转向多元休闲，纯粹休闲转向闲暇学习，运动休闲、室内休闲转向户外休闲。通过对社区居民的体育参与及其与心理健康效益的关系的调查，可以发现经常参与体育锻炼的居民总体良性心态要强于不喜欢参与体育锻炼的居民，而在负面心态上则要低于不喜欢参与体育锻炼的居民。

综上所述，公众的需求是社区体育服务开展的驱动因素。一系列的调查研究可以帮助我们了解公众对社区体育服务的实际需求特征。社区体育服务体系在运行中需要通过对社区居民进行调查来获取数据的支撑，所以社区体育服务体系在构建时必须考虑到社区居民的社区体育服务需求，并以此为立足点，有效推动社区体育服务的不断发展。

二 以公众满意为导向

（一）体现公众本位的理念

社区体育服务体系的运作要突出反映公众参与服务、接受服务的变化以及社区服务能力的高低，并以此引导相关的政府主管部门的体育管理工作向提高体育服务能力的方向发展。

"为人民服务"是我国党和政府的根本宗旨。党的十七大报告全面阐释了科学发展观的深刻内涵，最重要的是将"以人为本"作为其核心思想。由于当前中国社区体育服务的主管部门是政府，政府组织社会力量来进行社区体育的服务工作，所以政府是社区体育服务最主要的主体。因此，社区体育服务体系必须能够体现"公众本位"的服务理念，要在社区体育服务中视社区居民为"顾客"，以"公众导向"来指导社区体育服务体系的工作。从这一角度来看，社区体育服务体系自身就是一种服务和公众至上的管理机制，这一体系的存在能够加强公众对政府、社区的信任，从而突出"公众本位"的服务理念，向公众强调政府是社区体育服务的供给者，贯彻社区体育服务必须以公众为中心，以公众的需求为导向的原则。

（二）以提高公众满意度为最终目标

社区体育服务从本质上来说就是政府提供的公共服务，所以它具有公共性和福利性的属性。这就要求在社区体育服务体系的建立过程中，要本着"公众本位"的理念，以公众作为社区体育服务体系的最终评价者，以公众的满意程度作为最终的价值尺度。同时，社区也应树立顾客意识，在制定社区体育服务体系时要以公众利益为重，走群众路线，尽最大努力满足公众的一切需求和期望。

第三章

现代新型社区体育的建设研究

社区体育在我国蓬勃兴起，在其快速发展的同时，也逐渐暴露出很多问题。本章将从社区体育建设方面进行研究，在重点阐述社区体育的概念和内涵等基本理论的基础上，重点分析了新型社区体育建设的必要性和其基本内容，并提出了几点新型社区体育建设方面需要注意的问题，以期为新型社区体育建设提供相应的实践指导。

第一节　社区体育建设的基本理论

随着社会的发展，社区体育建设的相关问题逐渐被人们所重视。本节将从社区体育建设的基本理论入手，分析和研究了社区体育建设的内涵、目标和原则等相关的内容，对社区体育建设进行了理论方面的深入探讨，这对于社区体育的建设具有规范意义。

一　社区体育建设的内涵

社区体育建设含义的界定有多种，一般认为，社区体育建设就是在一个社区内搞好体育工作的配套建设，在这一过程中，依靠社区的力量，发展了社区的经济，强化了社区的服务功能，解决了社区的体育问题。

还有学者认为，社区体育建设就是依靠和调动各方面的力量，在政府的帮助和指导下，充分利用社区的体育资源优势，发展社区体育事业，强化社区体育的综合功能，改善社区的社会和文化环境，使社区体育与整个社会体育生活融为一体，促进整个社会体育的不断进步和发展。

各位学者对社区体育建设的界定并不一致，但是其共通之处在于都明确指出社区体育建设是一项系统的工程，是对社区的全方位的建设；同时，各学者认为，社区体育建设是对各项资源的充分调动和利用。

综上所述，我们认为，社区体育建设是对社区体育工作的总体概括，是指在相关政府部门的指导下，依靠社区的力量和体育资源，强化社区体育功能，解决社区体育问题，提高社区成员的生活质量，促进社区政治、经济、文化健康发展的过程，也是社区体育资源和社区体育力量的整合过程。

二　社区体育建设的主要目标

（一）满足人们的体育需求

社区体育建设就是为了不断地满足人们的体育需求，不断提高人们的生活质量。在社区体育建设过程中，应不断丰富体育建设的内容，增加社区体育服务的发展项目，促进社区体育的产业化，使其更好地为大众健身服务，方便人们进行大众体育活动。

（二）构建大众体育服务体系

随着人们生活水平的提高，健康理念已经深入人心，人们对于健康生活的追求日益凸显。为了适应现代化生活的需要，加强社区体育组织和社区居民体育自治组织建设显得尤为重要。因此，社区体育建设的重要目标之一就是建立起以地域性为特征、以认同感为纽带的新型的社区体育，构建服务于人民大众的体育服务体系。

（三）完善大众体质监测系统

社区体育建设的重要目标是建立健全我国大众的体质监测系统，进一步健全群体活动组织，使大众体育活动网络发展完善。在社区体育发展过程中，应加强社区体育管理机制，妥善处理社区体育与社会各方面的关系，使社区体育建设与中国特色社会主义经济、政治、文化相适应，并为中国特色社会主义的发展贡献其力量。

（四）丰富大众文化生活

社区体育是一种特殊的体育文化现象，社区体育建设要对大众的文化生活和精神生活产生积极的影响。这就需要在进行社区体育建设时，长期坚持政府的引导作用，并充分发挥社区的力量，使社区的各项体育资源得到最佳的分配和组合，促进社区体育事业的不断发展和完善。社区体育建设要以不断提高人民身体素质和丰富大众的精神文化生活为目标，努力创造和谐有序、完善便利的社区体育服务体系。

三 社区体育建设的主要特征

（一）社会性特征

社区体育建设是一项综合性的活动，在这一过程中，既需要政府的参与，还需要充分利用民间的力量，它是社会群体以及各社区体育力量共同作用下的活动过程。以我国基层社区体育建设为例，一方面，它需要各级政府的各项社区体育政策规划、扶持，需要政府对社区体育的各项制度进行完善，并协调居民、社团和企业等各单位之间的关系；另一方面，社区居民委员会和社会团体要积极发挥其骨干或中介作用，动员和组织居民参加社区体育活动，落实社区体育建设规划，搞好社区体育建设。另外，广大居民发挥着基础或支持作用，在他们的积极参与和支持下，社区体育建设达到其预期的目标。

总之，社区体育建设的主体包括各类社会群体和组织，具有明显的社会性特征，这也决定了其社会化的必然性。

（二）区域性特征

社区体育具有一定的区域性，是在一定的地域内开展的活动，因此，社区体育建设也表现出一定的地域性。社区体育建设过程中，主要根据本社区的成员的需求和愿望，为其提供多样化的体育服务，解决的是本社区的体育问题。社区体育建设过程中，其主要的参与者和组织者也是本社区的居民、单位和群体。另外，社区体育建设的地域性突出的表现在其活动范围的区域性，它在一定程度上受本社区人口、地理环境等条件的制约，具有鲜明的地方性特色。

（三）大众性特征

社区体育建设的基本原则之一就是要做到以人为本，作为一项大众性的体育工作，社区人民大众的基本需求是其根本出发点和立足点。大众性特征是社区体育建设和发展的基础，群众的参与是其建设和发展的根本保障。长期的生活实践表明，人们的参与积极性高涨时，社区体育发展会比较迅速，社区体育建设工作也会比较容易开展。社区体育建设能够使人们树立社区意识，增强人们的向心力和凝聚力，从而反过来更好地促进社区体育建设的顺利进行。

（四）计划性特征

社区体育建设是人们自觉地推动社区体育发展和变迁的过程，这一过程中，具有鲜明的目标计划性。社区体育建设的开展，需要制订切实可行的社区体育发展规划和计划，按照计划逐步开展相关的体育活动，因此，计划性特征是体育建设的重要特征之一。

一般而言，社区体育建设的计划性特征要求在制订相关的计划时应注意以下三方面的问题。

其一，社区体育建设计划的制订需要了解和掌握社会变迁的一般规律，并深刻认识本社区的具体特点，相关的计划一定要符合客观实际。这样该项计划才能得到贯彻和执行，才能推动社区体育的发展。

其二，社区体育建设计划的实施是人发挥其主观能动性的过程，在这一过程中，人们不断认识和利用相关的发展规律，并对社区体育未来的发展目标以及为达到这个目标所采取的措施做出决策，以减少盲目性，增强自觉性，从而推动社区体育建设的发展。

其三，社区体育建设的计划应有一定的层次性，可分为短期、中期和长期计划。这些规划是在大量调查和研究时间的基础上制订的，具有本社区的体育建设特色。

四　社区体育建设的基本原则

社区体育的建设内容丰富多样，对于其基本原则的概括也是多种多样，社区体育建设的基本原则有如下几点。

（一）以人为本原则

以人为本原则就是以人为核心从事各项社区体育建设工作，以满足社区居民各项需求为前提。社区的核心要素就是居民，而社区体育建设的核心任务就是改善并提高居民的体育环境，提高居民的生活质量。

简而言之，以人为本的原则就是要坚持不断满足社区居民的体育需求，提高居民生活质量和文明程度的宗旨，把社区体育服务作为社区体育建设的根本出发点和归宿，以更好地服务于人们的生活。

（二）共同参与原则

社区体育建设是一项群众性体育活动，各单位和个人都会为其发展和建设投入一定的力量，这些力量形成合力，共同促进社区体育建设的进步。

社区作为一个相对稳定的聚居地，是人们共有的家园，在社区里人们逐步实现了由单位人向社会人的转化。在社区体育建设过程中，来自不同社会群体的人们广泛参与其中，共同营造了共驻共建的良好社区氛围，并最大限度地实现了社区体育资源的共享。

（三）基层自发原则

社区体育建设是社区的相关人士自发兴起的，是地方性的基层工作，在这一过程中，始终保持着居民的自我管理和自我服务。

基层自发建立的社区体育组织具有一定的自我管理和自我完善性，实现了社区体育组织管理与服务的结合，寓管理于服务之中，增强了社区体育的号召力和凝聚力，这是其广泛兴起的重要原因。

（四）循序渐进原则

社区体育建设与社区的实际发展水平相对应，不同的发展水平和发展阶段，具有很大差异性，因此，社区体育建设要坚持一切从实际出发，坚决贯彻实事求是思想。在实践过程中，不能死板地借鉴他人的成功经验，而应该以解决人们的实际需求为切入点，循序渐进地进行。

（五）全面规划原则

全面规划原则要求在进行社区体育建设时，要坚持宏观的高度，从长远发展着手，进行全面的综合规划，使社区体育建设既能满足当前人们的各项需要，同时，又要符合社会发展的长期目标。

第二节　建设现代新型社区体育的必要性

随着社会的发展，为适应人们的健身需求，新型社区体育建设已刻不容缓。本节将从政治、经济、社会等角度深入分析新型社区体育建设的必要性，进一步明确人们建设新型社区体育的意识，从而为我国新型社区体育建设扫除观念上的障碍。

一　新型社区体育建设的必要性

社区体育建设是在社区建设的基础上发展起来的。随着人们的生活水平的改善和健身意识的提高，以及社区建设的不断完善，社区满足人们需求和提高人们生活质量的功能也不断强化，因此，社区体育建设应运而生。

新型社区体育是具有高度现代意识的体育形态，对于组织者和参与者都具有较高的要求，它的出现受多方面因素的共同影响，概括起来有以下几点：

（一）经济体制的改革

新中国成立以来的很长一段时间里，我国的社区体育基本上没有得到发展，而我国的社会体育也一直由单位、行业和系统组织开展。改革开放以来，随着经济体制改革的深化，过去的计划经济中很多企业职能不断分化，许多非主要职能分离给社会，企业、单位管理为主的社会体育开始受到限制，而人们的体育需求却在不断增长，当人们的体育需求难以在单位得到满足时，开始通过社区体育来满足自身的体育需求。

（二）社区建设发展

随着经济社会的发展，进一步的加强社区建设已经成为深化经济改革的需要，而社区体育建设是社区建设的重要内容，是社区服务不可分割的一部分。广泛开展社区体育建设不仅能够增强社区居民的体质并改善和提高人们的生活质量，还可以进一步地密切人与人之间的关系，促进社区的精神文明建设。同时，社区体育建设也是体育社会化的需要。

（三）社会体育需求变化

随着改革开放的进行，人们的生活水平得到了一定提高，参与体育的经济实力也得到了相应的改善。同时，由于节假日制度的改革，人们的闲暇时间也大大增加。生活方式和生活观念的转变促使参加体育活动成为人们的日常生活需要，因此，社区体育活动应广泛开展起来。

（四）体育社会化出现

我国现阶段的主要矛盾是人们日益增长的物质文化需要与落后的社会生产不能满足人们的需要之间的矛盾，反映在体育事业方面表现为，人们日益增长的体育需求与落后的体育现实之间的矛盾。因此，体育社会化成为大势所趋。体育社会化要求全社会都要重视、关心、支持体育事业。在体育社会化的影响下，社区体育建设的广泛开展成为必然的趋势。体育社会化是社区体育兴起的促进因素。

（五）老龄人口增多

我国正在步入老年型国家的行列，这是不可阻挡的社会发展趋势。体育活动对于老人而言具有重要的意义，不仅是他们锻炼身体、增强体质、延缓衰老的重要手段，同时，它也是促进老人社会交往、排解寂寞的良好方式。因此，我国的社区体育是以老年人社会群体的体育作为突破而出现的，老年体育的兴起拉开了我国社区体育建设的序幕。

二　新型社区体育建设是体育体制转型的必然要求

（一）我国体育体制的转型

我国的经济体制改革广泛开展，计划经济逐渐被中国特色的社会主义市场经济所取代，而这一变革必然会导致社会各方面的适应性变革。体育体制的变革也成为大势所趋。改变原来在计划经济体制下，单纯依靠国家和主要依靠行政手段办体育的高度集中的体育体制，建立与社会主义市场经济相适应、符合现代化体育运转规律，国家调控、依托社会、有自我发展活力的体育体制和良性循环的运行机制。

新的经济形势和社会形势下，体育改革可以归纳为以下几点。

1. 生活化

在经济社会转型之前，我国的体育活动大都由单位组织，公费开支。随着人们生活水平的改善，体育已经逐渐纳入到人们的日常生活中，"花钱买健康"已经成为一种时尚，自费参与体育活动也逐渐被人们接受。体育的生活化进程逐步加快。

2. 普遍化

体育活动由政府相关部门一家办到大家一起办。如今，各类体育场馆已向全社会开放，而集体、个人办的相关体育俱乐部、健身馆也随处可见，各种类型、不同层次的体育比赛活动十分红火。

3. 社会化

随着我国社会改革的深入进行，体育事业的发展由主要依靠官方主办到充分依靠社会力量开展。如今，各级体育部门发挥着宏观调控和引导的作用，体育活动的发展主要依靠民间的社会力量进行。

4. 科学化

体育活动由过去的注重经验逐渐转变为依靠科学。科学参与体育活动才能够更好地锻炼身体。

体育训练要讲科学，才能提高竞技水平。参与体育活动要讲科学，举办体育比赛也要讲科学。全民健身，征集体育锻炼方法，要因人而异，根据身体情况选择适宜的体育项目。体育工作不能完全凭老经验，而要汲取新知识，采取科学方法，生命在于运动，运动要讲科学。

5. 产业化

体育事业的不断发展，导致产业化的发展趋势也必不可免。完善体育产业是我国体育改革的重要目标。体育事业的发展应努力做到以体为本，相关产业相应发展。如今，我国的各项体育事业蓬勃兴起，而各种体育产品也逐渐在社会经济中发挥其应有的作用。

6. 法制化

从人治向法治转变，这是我国社会改革的重要目标。依法治体，今后体育事业的发展将不再以地区、单位领导对体育的好恶为标准，而是必须按相关规程和法律的规定制定本地区、本单位体育发展规划，开展体育活动，发展体育事业。

（二）社会转型期大众体育观念的转变

我国目前正处于社会转型期，经济体制和政治体制的转变导致人们的价值观念也会发生相应的变化，相应的，人们的体育行为方式和体育观念也都会发生明显的变化。

社会发展现实表明，没有正确反映时代潮流的体育观念，国家就不能采取相应的发展体育的措施和手段，国家制定的各项方针政策就不能得到贯彻和实施。我国社会转型的过程中，迫切地需要对大众体育观念进行更新和转变，这种改变是社会对体育整体认识的转变，并不是局部的、个人的改变，而是全面的、多层次、多角度的转变。

1. 组织指导观念的转变

大众体育活动是人们在自由时间进行的自由活动，在新的时代形势下，其组织工作也必须做出相应的调整。如今，大众体育活动的重点在于以大众为主体，不断满足大众各项体育要求。体育要想被大众普遍接受和认可，必须使其运动形式、内容等与大众的期待相契合。

如果运动技术的发展超出了大众现实生活的范围，而普通的大众力不能及，则这种运动项目必然会失去其赖以生存的群众基础。大众体育活动的组织者必须清楚、深刻地理解各项运动的价值和意义，明了应该向大众传达什么样的信息，并制订出具体有效的实施计划。

人们的价值向着多元化的方向发展，这就要求体育组织者认真挖掘各种体育活动所蕴含的文化意义和大众的不同需要，使运动项目对大众保持一定的吸引力，并对大众的需求进行积极的引导。

2. 大众体育价值观念的转变

体育价值观念受主观条件的制约，同时，也受到时代环境等客观条件的影响，是在一定的时代背景下形成的。我国现阶段的大众体育活动一方面应积极与国际接轨，另一方面，要坚持我国的具体国情，平稳地变革大众体育价值观念。大众体育价值观念转变主要体现在以下两点：

（1）服务大众价值观念的形成

过去以政治为中心的价值观念不能满足人们多元化的体育需求，并且对于人们参加体育活动的积极性和主动性具有消极的影响。如今，大众作为价值选择的被动体的观念逐渐得到扭转，随着大众主体意识的增强，服务大众的价值观念也逐渐形成。

开展大众体育活动应该一切从大众的需要出发，使大众从被动客体转化为主体，充分发挥大众在体育活动中的积极性、能动性和创造性，把大众的需要作为制定相应方针政策的重要立足点。

（2）娱乐健身价值观念的形成

体育运动的健身价值和增强体质的价值一直以来为人们所熟知，随着时代的发展，人们越来越多地注重其娱乐和休闲性。如今的体育运动更多的符合目的性和规律性，即体育运动既符合了人的主观认识能力，从而使人产生审美的愉悦，同时又符合生命物质的运动规律。那些引起人们产生审美愉悦的体育活动，也必定是合规律性和目的性的。

3. 大众主体意识的转变

相关的法规规定，参加体育活动是大众的一项基本权利，这是体育活动中人的主体性回归的趋势。只有大众主体的意识积极投入运动，才能真正享有这种权利，才能享受运动带来的快乐和满足。

（1）大众参加体育活动的自觉能动性提高

在现实生活中，体育运动已成为人们生活的一个重要组成部分，它深刻地影响着人们的身体健康水平和情感愉悦的程度，成为评价人们生活质量的重要指标。因此，在生活中，很多人表现出高度的自觉能动性，在充分理解体育活动与生活的关系的基础上，积极地从事相关的体育活动。

（2）大众在体育活动中的创造性提高

人们从事现代体育运动的目的已经上升到较高的享受和发展层次，更多的是享受运动过程带给人的快乐。如今的体育活动会给人以充分的想象空间，大众可以充分地发挥其自身的创造性，突破现实，革新进步，发展独特的活动方式，在这一过程中，大众的主体意识进一步地增强。

（3）大众体育活动的自主性提高

现代社会，每个人都注重发展其鲜明的个性特征，其自主意识不断增强。人们对于自身体育活动的选择更加独立和自由，会更多地注重自身的情感和意志的表达，并按照自己所理解的方式从事各种体育活动。

（三）社会转型期体育生活方式的转变

1. 从依附性向自主性转变

在新中国成立以来的很长一段时间内，在计划经济体制下，人们形成一种共性化的生存模式，其生存和发展必须依附于国家和社会的资源配给，处于一种别无选择的依附状态。

随着社会主义市场经济的发展和转变，人们获取各种社会资源的渠道和方式更加自由、广泛，体育生活方式必然会向着自主和自由的方向转变。并且，随着社会的发展，个体逐渐成为社会关系的主体，在不断变换的社会角色中实现自我意识的觉醒。市场经济的发展，使人从群体性的牢笼中得到解脱，个体的主体意识不断得到加强。

人的个体意识增强，则其体育生活方式日益体现出个体性特征。日常生活中，每个个体都会以不同的体育生活方式满足自身的需求，实现自身的各项利益。自主的体育生活方式必然是个性化、多样化、创造性的体育生活方式，它使人们的体育生活丰富多彩。

2. 由被动性向主动性的转变

以往计划经济时期，行政因素深刻地影响着人们的生活，在一定程度上很多人都是被动地接受相关的体育活动，参加者持一种被动抗拒的心态。

随着社会的转变，以及人们对于健康的不断追求，人们的体育观念发生了很大的改变，由过去的被动参与到现在的积极主动参加，体育活动已经成为人们提高生活质量的重要手段。人们参加体育活动的心态已由"要我参加"转变为"我要参加"。如今营业性的体育场所逐渐增多，被动参加体育活动者已不多见。

第三节　现代新型社区体育建设的内容

社区体育建设的内容具有一定的多样性和复杂性，建设新型社区体育则需要对其内容进行深入的分析和理解，在此基础上才能推动新型社区体育建设的发展。因此，本节将对新型社区体育建设的内容进行阐述和分析，以期推动新型社区体育建设的深化发展。

一 新型社区体育建设的基本内容

社区体育建设可分为两个方面，一是社区居民以健身、娱乐、休闲等为目的的自主性体育活动；二是由专门组织或人员对此提供的组织、指导、咨询等服务性活动。社区体育服务是为居民的自主体育活动创造相关活动条件和提供帮助的各种活动的总称，主要包括对相关的组织和个人提供指导、咨询等服务性活动。社区体育建设就是在广泛开展自主性体育活动的基础上，增强相关的社区体育服务建设。

社区体育建设并不是特指某一方面的工作，而是指对整个社区的全方位、综合性的建设，既包括优化社区的体育环境、建立健全组织体系等方面，还包括加强体育文明建设和相关体育活动的开展等。

综合而言，社区体育建设的基本内容有社区体育组织领导、社区体育健身活动、社区体育骨干队伍、社区体育设施建设、社区体育经费的筹措等。下面将对这几个方面进行阐述。

（一）领导及组织工作

1. 领导班子重视体育工作

社区体育建设中，领导班子要充分重视体育工作，将体育工作作为社区精神文明建设的内容摆上日程，制订长远的规划和阶段性的目标，根据具体的计划实施相关的工作。相关的管理部门要有计划地开展社区体育工作的调研工作，对体育队伍、场馆、体制、经费等各方面深入研究，并能够解决实际的问题。相关的负责人应该定期召开体育工作会议，布置、规划好体育工作。

2. 建立群体工作制度

建立健全社区体育管理机构，对于社区体育工作要进行积极的引导，并建立社区群体工作制度。社区体育管理部门进行日常的管理工作，具体来说，居委会建立体育健身小组，对社区居民的健身活动进行指导；街道办进行积极的宣传和组织，使更多的居民参与到体育健身活动中来。

3. 建立社区体育组织

在社区相关体育管理机构的领导下建立相应的体育组织，以组织的形式开展相应的体育活动。一般会根据社区的人口数量和人口结构，以及群众喜爱的体育项目的种类来确定相关的群众性体育组织。

社区体育组织划分为自主松散型和行政主导型两大类。自主松散型是社区居民自发建立的比较松散的组织形式，如体育活动点、体育辅导站等；行政主导型社区体育组织是以政府部门或企事业单位为依托，也可以称为正式社区体育组织，如社区体育服务中心、街道社区体协等。

4. 发挥社区单位的积极性

社区内的各单位（公司、企业、学校、党政机关等）应积极承办社区各项体育活动，并提供必要的活动场地，或其他一些资源，如资金、器材等。社区内各单位积极性的发挥，对于社区体育活动具有重要的促进作用。

（二）健身活动的组织

1. 组织开展体育竞赛活动

相关的组织者应该积极开展群众喜闻乐见的体育活动，充分利用节假日、双休日等时间，讲解体育活动知识，开展体育活动。一般而言，每 2 年举行 1 次由社区各单位参加、有 8 个项目以上的综合性运动会。每年举办 6 次以上的单项体育竞赛。

2. 开展广播操等体育活动

区属以上的企事业、机关单位经常开展广播操等小型多样的群众体育活动，参加人数不少于本单位职工总数的 60%；居民中离退休人员参加锻炼的人数不少于 60%。

3. 开展大众体质测定工作

建立健全体质检测系统，是我国开展社区体育建设的基本内容之一。社区相关的管理部门应积极建立检查站，积极进行社区居民的健康体质检测和测试工作，积极推动社区居民健康状况的改善。

（三）骨干队伍建设

建立健全社会体育指导员队伍，并加强相关的体育指导培训，为社区体育组织配备相应的社区体育指导员。社区内定期举办相应的体育技能训练班，提升指导员队伍的素质，使其在社区居民健身工作中起到积极的指导作用。充分发挥社区单位体育骨干队伍的积极作用，吸收体育教师、离退休人员和体育积极分子参与社区各类体育组织的领导与管理工作。

（四）场地设施建设

1. 体育设施的建设

根据社区体育运动项目以及参加人数确定体育运动的活动场地，具有一定数量的体育运动器材和相关的社区体育活动室，使指导员能够方便地进行指导、示范和培训工作。在相关的活动场地内应配备相关的设备和场地的管理和工作人员，并建立有效的管理制度。

在社区的广场、公园和闲置的空地等地方设置相关的运动健身设施，方便社区居民健身；每个居委会有1个以上固定的晨、晚练指导站（点），使社区居民能够做到科学合理地健身。

2. 提高社区体育场地的利用率

根据社区的体育人口情况合理配置相关的运动器材和设施，并掌握社区内运动场地和设施的利用情况；对于学校、企事业单位的运动器材和场馆应该有组织地面向社会群体开放，增加其利用率，为社区居民的健身做出积极贡献。如果这些体育运动设施放置不适宜，则不仅是对相关体育资源的浪费，对于社区居民的身体健康发展也没有积极的促进作用。

（五）经费保证

社区体育建设过程中的经费投入必不可少，运动器材、运动场地以及相关的运动竞赛等都需要一定的资金投入。社区体育建设过程中的资金投入应该达到常住人口人均1元以上，并逐年有所增加；评定周期内体育竞赛的社会集资应占社区体育竞赛总使用经费的60%以上。另外，在发展社区体育过程中，可以建立相关的社区体育经济实体，创造一定的经济效益，促进社区体育建设的进一步发展。

二　新型社区体育建设内容的相关问题

社区体育建设的内容具有一定的多样性和复杂性，因为，作为地域性的体育团体，社区体育是人口、环境、文化和生活设施等各种要素的综合体，是不同的社区成员在体育健身方面的综合统一体，它以促进整个社区全方位发展为基本目标，在社区体育建设过程中必须涵盖这些要素和生活方面。具体而言，应该做到如下几点：

（一）必须明确重点内容和主要内容

社区体育建设的内容具有广泛性，因此，在社区体育建设实践过程中，应该明确其重点内容和主要内容，在工作中做到主次分明、张弛有度。社区体育建设是社区建设的重要组成部分，包含着多层次和多方面的内容。在社区体育建设过程中，包含着对社区体育资源以及相关的社会体育力量的整合和运用的过程，而这会涉及政治、经济、文化等社会生活的各个方面。

实际社区体育建设表明，如果不分主次和轻重缓急，而要牵强地做到面面俱到，往往取得的效果也不尽如人意。这就要求我们在承认社区体育建设内容相当广泛的基础上，明确重点内容或主要内容，进而抓住这些内容，力求有所突破，最终形成以点带面、部分带动整体的发展。

（二）社区体育建设的内容是一个整体

社区体育建设内容众多，但是这些内容之间并不是孤立的，而是一个相互联系的统一整体。例如，社区体育服务建设是社区体育建设的重要内容，但是其发展离不开社区经济的发展，并且与社区的教育、文化等内容也具有密切的关系；又如，社区文化的发展对于社区体育的志愿者服务活动具有积极影响，对于社区体育服务人员水平的提高具有重要的意义。因此，我们说社会体育建设的各个内容之间相互联系、相互影响，共同构成了社区体育建设的内容。

（三）社区体育建设的内容是变化发展的

社区体育建设的内容处在不断的发展变化中，随着时代的发展，其内容结构也处在不断的更新中。在过去，很多社区把发展经济作为其主要的任务，而如今，社区体育文化和社区体育环境建设被放在了更为重要的位置。另外，社区体育建设主要内容的具体表现会随着实践的发展而不断发展。研究表明，在20世纪八十年代末期，社区体育建设以解决基本的体育活动需要为主要内容；而到了20世纪九十年代，满足居民的精神文明需求成为社区体育建设的重要内容。因此，社区体育建设的内容处在不断地优化和完善之中，反映着不同时期的人们的需求。

（四）决定社区体育建设内容的因素

社区体育建设不仅要与党和国家的工作相呼应，还要根据社区自身的实际情况以及广大社区群众的实际需求进行积极调整。具体而言，决定社区体育建设内容的主要因素包括以下几点：

（1）每个社区的经济发展状况、人口素质、文化背景、地理环境等方面具有很大的不同，而这些因素共同影响着社区体育建设工作。因此，在社区体育建设过程中，应该从实际情况出发，积极地确定和调整社区体育建设的主要内容，这样才能推动社区体育建设的顺利进行。

（2）社区体育建设的最终目的就是为了提高社区居民的生活质量，社区体育建设应该以社区居民的需求为中心而展开，社区体育建设的重点内容也要尽可能地反映社区居民的各项需求。另外，只有充分地满足其体育健身的需求，才能更好地调动社区居民参加体育活动的积极性，才能促进社区体育建设的发展。

（3）社区体育建设是宏观社会发展的重要组成部分，反映着宏观社会发展的主要目标，因此，社区体育建设的重要内容要与社会发展的目标相一致。我国坚持集体主义价值导向，一般而言，社区居民的体育需求与政府的工作重点具有高度的一致性。

（4）党和政府在社区体育建设过程中处于主导地位，对于各项工作起着领导和指引的作用，只有社区体育建设的主要内容与党和政府的工作重点相一致，才能促使党和政府大力推进社区体育建设。

第四节　现代新型社区体育建设需要注意的问题

新型社区体育建设并不是一帆风顺的，其中会有诸多的问题。因此，本节将对制约社区体育发展和建设的相关问题进行讨论，在此基础上提出进一步深化社区体育建设的策略和思路，并尝试着对社区体育建设的趋势进行分析和研究。

一　发挥社区体育人力资源作用

社区体育建设需要借助各方的力量，要充分调动和发挥各方面的人力资源的作用，注重人的因素，这是取得成功的重要保证。社区体育建设过程中，很多活动都是通过人格魅力的感召，并且是在低偿或无偿的条件下开展的各项服务。因此，应该充分发挥社区体育人力资源的作用，通过人际互动产生的非正式组织结构来发挥人际网络的功能。在社区体育建设过程中，要充分利用激励机制的作用，调动相关工作人员的积极性和自觉性。

二　发掘社区体育组织协同资源

多样的社区体育，如足球俱乐部、太极拳协会等都有特定的参加人群，这些组织结构决定了其体育运动项目和功能，在一定程度上具有其一定的局限性。这些组织之间应该加强交流和沟通，使它们之间形成协同互补，使各部分资源得到更好的利用。社区体育组织是一个开放的系统，各组织之间要尽可能的实现资源的优化整合，从而更好地推动整个社区体育工作的发展。

三　合理利用社区各类经济资源

一般我们将社区经济资源分为两大类，即营利性和非营利性两种。营利性经济资源包括单独的经营者、合作经营者以及企业或公司三种形式。这些组织以盈利为目的，因此，这些组织在有利可图的地区发展迅速，但是在经济发展缓慢的地区则难以立足。非营利性组织有辅导站、晨练点、非正式组织等，它们通过政府的免税政策来维持运行，具有更加广阔的生存空间。

社区经济资源作为一种潜在的资源，它通过作用于人们的体育活动，增强社区人群的健康状况。除了各种社区经济资源之外，社区经济资源对社区体育的发展起着更为重要的作用，它不仅是社区发展的根本，也是社区体育建设的根本。社区体育建设必须依赖这两种社区经济资源，发挥其最大的经济效益。

四　开发利用各类场所资源

社区体育的开展必须拥有一定的活动场所，开发必要的社区体育活动场所，并合理有效地利用，这是社区体育建设顺利进行的必要保证。为了节省社区的成本，应该充分利用一些现有的体育空间，如学校、企业和政府机关等的体育场地或空地等。

社区体育场所的规划必须从长远出发，并进行科学的论证，从而使这些体育空间在满足各类人群的需要的同时，又能注重体育场所的合理布局。通过固定社区体育活动的场所，能够使从事社区体育活动的人群形成一定的依附感和归属感，从而使人们更加稳定、有规律地参加体育活动。

五　开发地域特点健身资源

社区体育资源是制约社区体育建设的重要因素，决定着社区体育发展的程度。社区体育资源的新颖性和独特性对于激发人们的体育运动动机和唤起实践行为具有重要的作用，因此，不断开发具有社区特点的健身运动内容，对于吸引社区人们参与体育活动具有巨大的促进作用。体育活动不仅其本身具有强大的活力，它还能够激发人们的创新精神，使人们更富有活力。

中国地大物博，生活在中华大地上的各民族更是历史悠久，因此形成了各具特色的传统体育项目，开展这些传统体育项目，对于丰富和活跃社区居民的生活、增强人们的体质和提高人们的生活质量具有重要的作用。可以说民族传统体育是取之不竭的体育资源，对于社区体育建设来说，无疑是一种巨大的推动力量。

六　落实社区体育工作计划

社区体育建设的实施必须制订详细的工作计划，并认真地贯彻实施。社区体育建设工作影响着社区居民的日常生活，促进着人们体质的改善，同时还引导着人们的余暇文化，是一种重要的社会力量。在具体实施这些计划的时候，会遇到相应的社会阻力，因此，应该合理利用和实施这些计划，提升社区体育的作用和功能。

第四章

现代新型社区体育的管理研究

社区体育经过不断的发展，已经取得了较为理想的成效。现代新型社区体育是社区体育经过不断发展而形成的，与现代社会相适应。新型社区体育的发展与科学的管理有着非常密切的关系。现代新型社区体育管理包含的内容较为全面，能够满足社区体育发展的需要。另外，社区体育管理需要借助一定的模式。本章主要对社区体育管理的基本理论、包含的内容及其模式与发展进行详细的分析和研究。

第一节　社区体育管理的基本理论

一　社区体育管理的概念

作为社会体育管理的一部分，社区体育与学校体育和企事业单位体育的组织管理又有一定的差别，它形成的历史比较短，因此，关于社区体育的管理，体育工作者们还在探索的过程中。从管理学的定义中分析，可以将社区体育管理定义为：社区体育管理是为了有效地实现社区体育的目标而对社区体育的人、财、物、信息等资源进行的合理调配和组织协调。由此可以看出，社区体育的这一概念的含义有很多层。

第一，社区体育管理是以实现社区体育的目标为主要目的而进行的一种资源调配和组织协调活动。社区体育的目标主要包括两个方面：一方面，其要使社区居民的体质增强，生活内容进一步丰富，居民的身体健康水平和生活质量有所提高，生活方式得到改善；另一方面，要通过体育活动产生互动，使居民的社区感情进一步增进，社区的凝聚力有所提高。社区体育管理是以保证这两个目标的实现为主要目的的。

第二，社区体育管理要使有限的社区体育资源实现尽可能大的效益。

第三，社区体育管理是社区体育管理组织和管理者通过对社区体育活动的计划、组织与控制，从而保证社区体育活动高效、和谐有序地运行。

二　社区体育管理的职能

社区体育管理的职能主要表现在三个方面，即计划职能、组织职能和控制职能，其中，计划职能是最重要的职能。

（一）计划职能

计划职能是社区体育管理中的重要职能，具体来说，其主要是指管理者确定未来社区体育工作目标与计划的活动过程。

1. 确定目标

社区体育管理目标必须与整个体育管理的目标相适应，并且应该在调查研究、科研预测和科学论证的基础之上建立起来。通常情况下，目标的内容有以下几个方面：第一，经常参加体育活动的人数及其增长措施；第二，用于社区体育的经费数量；第三，开展社区体育活动的场地设施数量；第四，体育骨干的培养与发展等；第五，人们的体质发展水平等。在确定目标时，要做到具体明确，既鼓舞人心，又达到切实可行等要求。

2. 制订工作计划

工作计划是目标的表达方式，同时，其还是为实现目标所进行的具体设计和筹划。通常情况下，社区体育工作计划的内容包括以下几个方面：第一，指导思想，具体来说，就是根据党和政府的中心工作、体育的方针政策，将社区体育工作重点和争取达到的总目标提出来；第二，目的要求，具体来说，就是以指导思想和总目标为依据，将具体的要求提出来；第三，计划任务安排，比较常见的有经验交流的安排、检查评比工作的安排以及各项任务的安排；第四，具体措施，比较有代表性的有经费和物质保证等，可以说，其是在预测和决策基础上，通过对各种决策反复分析和论证而提出的具体计划方案，力求从实际出发，有较为显著的效果。

（二）组织职能

管理者落实计划、组织协调管理对象，逐步实现目标的活动过程，就是所谓的组织职能。具体来说，主要包括建立健全体育组织、合理安排工作人员展开工作。

（三）控制职能

根据目标计划要求衡量计划完成情况，并以此为据调节管理对象的行为，以确保目标实现的活动过程，就是所谓的控制职能。换句话说，就是运用反馈调控的过程，其基本操作过程是：建立标准——衡量实际成效——反馈调控纠正偏差——实现目标。

三　社区体育管理的原则

社区体育管理有其自身的特点和规律，以其为主要依据，可以概括出社区体育管理的以下几个方面的原则。

（一）激励性原则

社区体育是人们自觉、自愿参加的活动，因此，在涉及体育管理中，提高居民的体育兴趣、体育积极性是十分重要的。通常情况下，提高居民的体育兴趣和积极性的途径主要有以下几种：第一，通过宣传，要营造氛围来对人们的体育动机进行激发；第二，通过开展娱乐性、趣味性、竞争性较强的日常体育活动和体育竞赛，来使居民的体育兴趣得到提高；第三，通过表彰、奖励体育优胜集体和个人、体育活动积极分子，树立体育典型等方式，使人们参加体育活动的积极性得到激励和提高。

（二）合作性原则

现阶段我国社区体育表现出的过渡性特点较为显著，具体来说，过渡性特点是具有单位体育与社区体育的双重特点，可以将其称为区域性单位体育与居民体育的联合体。这种联合体无论是参与的主体、场地设施的利用、体育经费和体育骨干的来源，还是体育活动的组织等在短时间内都分不开，由此可以看出，在社区体育管理中，合作性原则有着十分重要的作用。社区体育的领导机构、街道社区体协与辖区各单位工会、体育协会之间的互相协作、共同受益，能够有效保证当前职工体育需求得到满足，企事业单位负担有所减轻，社区体育资源不足得到弥补，使社区体育工作做好。

（三）自主性原则

社区体育的组织管理方式有多种，其中，最主要的是居民自主管理。社区内的各种体育协会，作为非行政性组织，其特点主要表现为自主性、松散性，对社区体育的管理要将居民体育骨干的积极性充分调动起来，对他们的自主意识、组织能力和自治能力进行培养，依靠他们的力量自主地开展社区体育活动。另外，还要从行政层面给予他们政策上和资源上的支持。

（四）区域性原则

社区体育的一个重要特点就是区域性。具体来说，所谓的区域性，就是某一特定区域内的群众体育活动，它的参加者、组织者、体育资源等都在特定的区域内。因此，在进行社区体育管理时，就要求一定要立足特定的区域，以特定区域内居民的体育需求、场地设施、经费等情况为主要依据将体育目标确定下来，制订体育计划，从而较好地开展体育活动。

（五）因地制宜原则

目前，我国社区体育的场地设施条件较差，各社区间的差异也很大。鉴于这种情况，在社区体育管理中坚持因地制宜原则就显得非常重要且必要。在社区体育场地设施的利用方面，因地制宜的做法一般主要有以下几种：第一，对辖区单位（机关、学校、企事业单位、部队等）已有的场地设施进行充分利用；第二，对辖区的公园、广场要做到充分利用；第三，对辖区的江、河、湖岸及水域要做到充分利用；第四，要将辖区的一切可利用的空地开辟成体育活动场地。

（六）兼顾性原则

全体社区居民是社区体育活动的主体。具体来说，其包括年龄、性别、健康状况、体育需求、体育基础、职业、工作时间、经济状况各异的各种人群。在社区体育管理中要力求做到兼顾大多数的需要，这样能够使全体居民的体育需求尽可能地得到满足。兼顾性原则在社区体育中的表现，比较常见的有：寒暑假重点组织青少年的体育活动，周末组织在职人员的体育活动，日常组织中老年人的体育活动，节日组织各类人群参加综合性体育活动等。

四　社区体育管理的方式与手段

（一）社区体育管理的方式

社区体育管理中常见的方式主要有以下几种：

（1）体育锻炼小组，由兴趣、爱好、条件要求相同的人自觉组成。比较具有代表性的如长跑小组、太极拳小组、体育医疗活动小组等。

（2）运动队由具有某项运动特长和爱好的人自觉组成。

（3）健身活动点由有共同锻炼要求的人自觉组成并约定地点。

（4）体育技术辅导站（中心）。比较具有代表性的如健美操辅导站、交谊舞辅导站、太极拳辅导中心等。

（5）文体活动室（站、中心）是一种集文化与体育于一身的组织形式。比较具有代表性的如村文体活动室、乡文体活动站等。

（6）体育俱乐部。比较具有代表性的如健身俱乐部、健美俱乐部、游泳俱乐部等。

（7）体育协会。比较具有代表性的如钓鱼协会、老年人体协、火车头体协、科文集团体协、街道体协等。

（8）老年人之家、青年之家。其是老年人和青年人文化、娱乐、休闲、健身、健美的体育组织形式。

（9）文化宫（馆）的体育活动室以及体育场馆中为社区体育提供服务的专（兼）职人员和有关场地条件等。

（二）社区体育管理的手段

社区体育管理的实施需要借助一些手段，常见的手段主要包括以下几个方面：

1. 行政手段

运用体育管理中的行政方法，依靠行政组织，运用行政职权，按照行政系统指挥职权范围内的管理对象的一种方法，就是所谓的行政手段。命令、决议、规定、指示等是行政手段的基本形式。行政手段尤其显著的特点，即上级发布指令，下级贯彻执行，具有权威性、强制性、针对性和高效性。一个严密的行政组织系统，管理人员的素质与领导水平不断提高，在很大程度上决定着行政手段运用的效果。

2. 法制手段

运用各种法律、法规来规范与调节行政管理活动中各种行为和关系的方法，就是所谓的法制手段。《中华人民共和国体育法》《全民健身计划纲要》《关于进一步加强和改进新时期体育工作的意见》以及地方关于体育方面的管理制度、条例管理等是法制手段实施的基本依据。加强体育立法和增强人们的法制观念在很大程度上决定着法制手段的运用效果。

3. 经济手段

利用物质利益的得失后果来规范和调整各种行为和关系的方法，就是所谓的经济手段。通常情况下，经济手段主要有拨款、赞助、奖金、罚款等几种。处理好社会效益与经济效益的关系，确立商品经济观念和加强体育经济立法，完善行政管理制度在很大程度上决定着经济手段的运用效果。

4. 宣传教育手段

利用各种宣传媒介和手段，树立或转变人的观念，调动人的自觉性、积极性和创造性的方法，就是所谓的宣传教育手段。宣传教育手段运用较为广泛，能够使人们参与体育、关心体育发展并积极投入体育管理，使人们的体育文化素养得到提高，体育意识、健康意识、健身意识等得到有效增强。一支得力的政工干部队伍和良好的集体心理气氛以及宣传教育内容的真理性决定着这一方法的运用效果。

5. 咨询顾问手段

管理者向被管理者就共同关心的问题进行商量、咨询和征求意见的方法，就是所谓的咨询顾问手段。向个人咨询和向专家集体咨询是这一方法的基本形式。这一方法在决定大政方针，促进管理者的决策迅速落实等方面作用非常大。此法运用的效果一般与管理者的民主意识和被管理者的参与意识有着非常密切的关系。

第二节　现代新型社区体育管理的内容

一　社区体育组织管理

(一) 社区体育组织概述

由国家调控，依托社会，充满生机的新型社区体育管理体制和良性循环的运行机制正在形成。社区体育的组织形式已由单一的行政组织逐渐朝着家庭、社区、辅导站、体育俱乐部、体育协会等多种形式的方向发展，社区体育的功能也得到了一定程度的拓展，社区体育的价值取向也已经呈现出了健身、健心和娱乐等多元化倾向，社区体育活动方式也发生了一定的转变，即逐渐转变为自愿、业余和有偿服务，同时，活动内容也体现出丰富多彩并满足个性需要的特点。

通常情况下，我国社区体育组织分为两大类：一类是社区居民自发建立的比较松散的组织形式，即自主松散型，也称之为自发性社区体育组织，比较具有代表性的有体育活动点、社区体育辅导站等；另一类是以政府部门或企事业单位为依托，组织程度较高的组织形式，即行政主导型，也可称之为正式体育组织，比较具有代表性的有社区体育服务中心、街道社区体协等。

社区体育组织的基本工作范畴包括制订社区体育发展规划和工作计划，修建、维修、改造社区体育活动的场地和设施，建设社区群众身边的体育组织，组织、发动和开展社区体育活动等几个方面。

（二）社区体育组织管理的类型与机制

1. 社区体育组织管理的类型

当前，新型社区体育组织的管理类型主要有以下几种：

（1）体育俱乐部的管理

当前，我国社区体育俱乐部中绝大部分属于街道办事处指导下的自发性社区体育组织，同时，也已经有少量的属于经营性质的俱乐部开始出现。从其内部管理体制上看，社区体育俱乐部都制订了相应的章程，并且对体育俱乐部的内部管理体制进行了规范。

（2）社团型的社区体育组织的管理

随着经济的不断发展，我国社团型的社区体育组织也得到了较好的发展。目前，从隶属关系上看，体育社团的管理类型属于群众体育协会的约占30%，单项体育协会的约占45%，体育总会的约占25%；有20%的属于事业单位，60%的属于纯民间组织，20%的属于体育行政机构的一个部门，由此可以看出，其是一套人马两块牌子。因此可以说，体育社团绝大多数是属于民间组织的。而从其内部管理体制上来看，有近一半的社团有专职人员管理，60%的社团有自己的固定活动场所，100%的社团有自己的章程，80%的社团采用会员制，由此可以看出，体育社团的管理机构是较为健全的，并且有其自身发展的潜力。

（3）街道办事处的管理

街道办事处的管理类型是上级与下级沟通的桥梁，具体来说，就是对上服从体育行政机构的领导，对下级机构有监督指导的作用。从自身的职能上来说，街道办事处管理群众体育有着明确的任务，能够成为未来辖区的主要管理者。从内部管理上来说，街道办事处设有专人管理，除此之外，还有文化站承担群众体育的管理职能。

（4）晨晚练点的管理

晨晚练点的管理类型主要是普通活动点和一般意义上的体育辅导站，其规模通常为100人以下，基本上是由体育爱好者自发自愿成立的，也有一部分是由体育行政机构帮助建立的。由锻炼者自愿结合，自主管理是其管理方式。

2. 社区体育组织管理的机制

（1）组织机制

建立有效的组织管理体系和流畅的组织机制是开展社区体育必需的重要方面。目前，我国社区体育组织建设在管理体系上是按四个层次进行管理的，即区级政府体育部门、街道办事处（镇）、居民（乡、村）委员会、体育活动站。各个层次的意义和职能都有一定的差异性。其中，政府体育部门主要进行社区体育工作的宏观领导与指导；街道办事处（镇）是社区体育工作的主体，其主要职责是制订社区体育各项工作的规划和工作计划，组织发动较大规模的社区体育活动；居民（乡、村）委员会是社区体育工作的依托，其主要职责是社区体育活动的组织；体育活动站是社区体育活动的具体载体。

（2）管理机制

从目前我国社区体育的发展程度看，领导重视与否能够在很大程度上影响到社区体育工作，大部分社区都是由一名行政领导分管社区体育工作的。

二　社会体育指导员管理

（一）社会体育指导员概述

1. 社区社会体育指导员的基本职责与素质

（1）社区中社会体育指导员的基本职责

社区中社会体育指导员是特指在社区内从事社会体育指导工作的人员。其职责主要有以下几个方面：第一，与社区体育组织开展丰富多样的社区体育活动主动配合，通过各种方式带领社区居民参与全民健身活动，提高他们的积极性和主动性；第二，对社区居民科学健身进行积极的指导，提高健身指导水平，从而为居民提供适宜的健身项目选择与参与指导，成为社区居民的良师益友；第三，使自身体育科学素养得到进一步提高，通过自身健身知识来识别和反对伪科学体育健身，并且及时介绍和引入新的健身理念和方法手段，使社区体育健身活动不断充满生机和活力；第四，为社区居民进行合理的体育健身消费提供相应的指导和帮助，使他们的体育健身和健康投资的意识得到有效提高。

（2）社区中社会体育指导员的基本素质

作为社区中社会体育指导员，其应具备以下几个方面的基本素质：第一，是思想道德素质，这就要求社会体育指导员应加强自身道德修养，积极工作，同时还要有法制观念、道德修养以及高尚的事业心、责任心；第二，是科学文化素质，这就要求社会体育指导员要具有一定的文化知识，并且在此基础上对政策理论知识、基础理论知识、组织管理知识、锻炼指导知识以及科学研究知识等有所了解和掌握；第三，是工作能力素质，具体来说，主要包括组织管理能力、锻炼指导能力、科学研究能力和指导低等级社会体育指导员的能力等几个方面。

2. 社会体育指导员的工作方式

社会体育指导员从事社会体育工作的方式主要有以下几个方面：

第一，义务从事社会体育指导工作。

第二，有偿开展社会体育指导工作。

第三，开展经营性（职业性）的社会体育指导工作。

第四，应聘担任社会体育指导工作。

（二）社会体育指导员的管理

以我国目前社会体育指导员工作方式为主要依据，可以将社区社会体育指导员分为两类：一类是公益性社会体育指导员，即在社区非经营性社会体育指导活动中从事指导工作的人员；另一类是职业性社会体育指导员，即在社区经营性体育场所的劳动岗位从事社会体育指导工作的人员。需要注意的是，应该在不同的管理体制中按照各自指导工作的规律、特点和要求，采用不同的培训考核和任用管理方式来对待这两类社会体育指导员。

当前，国家体育总局和各省市已经建立全国性和地方性的社会体育指导员协会，从而将其社团自治与自律管理的职能充分发挥出来。

社区的社会体育指导员要以一定的体育组织和场所为依托。因此，这就要求将社区的社会体育指导员的管理与社区各种基层体育社团、社区体育俱乐部、乡镇文体站、各种社会体育指导中心、体育活动站、社区体育活动点等体育组织和健身活动管理工作紧密联系起来，并在这些体育组织的管理体系中将工作开展起来。

应该将社区的社会体育指导员的管理纳入社区体育工作评估和社会体育组织建设评价体系中，将各级体育健身组织和场所拥有社会体育指导员数量的指导性标准和强制性标准明确下来，并将其作为重要指标参数来评选先进体育社区。除此之外，要将社会体育指导员的联系网络和沟通渠道建立起来，社区不仅要将社会体育指导员管理档案和基本的指导地点建立起来，还要将群众对社区社会体育指导员工作的评价指导体系也建立起来。

同时，还要使社区社会体育指导员工作的激励机制得到不断的强化和完善，尊重社会体育指导员的劳动和社会奉献，建立社会体育指导员工作表彰奖励制度，从而将社会体育指导员的工作积极性和创造性充分发挥出来。

三　社区体育活动管理

当前，我国社区体育活动的类型主要有以下几种：街道办事处级体育协会组织的活动、单项体育协会和社区体育俱乐部组织的活动、晨晚练活动点的活动以及社区内单位体育组织的活动。这几种类型的活动组织管理方式都有一定的差异性。

（一）街道办事处级体育协会组织的活动与管理

街道办事处级体育协会组织的活动，是在社区或街道政府的组织和支持下进行的。通常情况下，其特点主要表现在以下几个方面：第一，活动与竞赛的等级高、规模大、综合性强；第二，设项多，传统与创新项目相得益彰；第三，区域限制严格；第四，组织工作较为规范。另外，这种类型活动的开展以大型活动2—4年为一个周期、中型活动每年1—2次为标准。

街道办事处级社区体育活动和竞赛的组织实施流程主要包括以下几个方面：

1. 成立筹备委员会

街道级社区体育活动的竞赛前，要成立筹备组（或筹备委员会），它是由主管街道体育工作的领导、文教干部、文体中心主任组成的，其主要职责为讨论制订组织方案，设置工作机构。整个活动由各工作机构以组织方案为依据来实施。

2. 确定组织方案

组织方案是整个活动的依据，其包括较多较为具体的内容，具体有以下几个方面：

（1）活动的名称和宗旨。主要以体育运动的方针、任务和本次社区体育活动的性质和要求为依据来将活动的名称和宗旨确定下来。

（2）活动的主办和承办单位。街道级社区体育活动和竞赛，有时是由一家主办，有时是由几家主办，无论何种形式，都需要在组织方案中明确下来。另外，还要将主会场、活动的日期和地点在组织方案中明确出来。

（3）活动的内容与规模。以活动宗旨为依据将活动的内容和每项内容的设项，以及各项内容的参加单位和参加人数确定下来。

（4）成立组织工作机构。要以活动规模的大小、设项的多少为依据来成立相应的组委会。一般情况下，组委会是由街道主管群众体育工作的领导和有关方面的代表组成的。

（5）经费预算。其包括的内容主要有：主会场布置费用、宣传费用、车辆使用费、招待费、文具费、工作人员的补贴费、印刷费、开闭幕式的费用以及各分会场的各项费用。

（6）确定活动日程。要以活动日期为依据制订整个活动的日程总表，分项组委会要以日程总表为依据来将各分项活动日程表制订出来，从而保证整个活动的有序进行。

（7）制定各分项的活动规程。分项组委会要以大会的组织方案为依据来将各项活动规程制定出来。

（8）严明纪律、奖励先进。为保证运动会的顺利进行，大会组委会要对各承办单位、参赛队、裁判员提出纪律要求，对违反纪律的要给予处理。同时，还要做到奖罚分明。

（9）做好活动资料的收集、整理工作。建立社区体育活动档案。

（二）社区体育俱乐部（单项体育协会）的活动与管理

社区体育俱乐部是社区体育组织的基本形式，是在社区或街道政府的领导和指导下进行的。这一活动形式的优势主要表现为：组织目标统一、组织结构相对封闭、组织活动内容专业性强、自主性组织管理、民主性组织关系等，同时，这些也是目前乃至今后社区体育组织的发展方向。

社区体育俱乐部的基本要素主要包括：人员要素、设施要素、固定的活动内容和活动时间、独立的运行体制和经营体制、统一的目标等几个方面。社区体育的大多数活动或日常组织管理是在单项体育协会和社区体育俱乐部组织的框架内进行的。

需要注意的是，由于场地、经费、政策等几个方面的制约，我国社区体育俱乐部发展十分缓慢，明显滞后，这种状况不利于社区体育、全民健身的进一步普及。因此我们必须拓展思路，加强管理，进一步使其向规范化、合理化、开放化的方向发展。

（三）晨晚练活动点的活动与管理

由具有共同体育兴趣的人们自发组织起来，在清晨和傍晚利用公园、空地、广场进行体育活动的组织，就是所谓的晨晚练活动点。其是当前我国社区体育最基本的组织形态下的基本活动方式，社区成员的最基本的体育锻炼和健身活动在晨晚练活动点的活动中得以实现。这一形式的主要参与者是中老年人，并且以女性占多数，其主要活动内容为操、拳、功、舞，通过自发松散的形式在清晨、傍晚进行锻炼。

由于目前自生自灭的体育活动点较多，鉴于此，为了进一步发展壮大这种松散的体育活动点，这就需要我们加强管理工作。

街道社区体育的直接领导者是街道社区体育协会和居委会体育组织，对晨晚练活动点进行管理应该包括以下几个方面：

（1）制定晨晚练活动点管理办法。活动点管理办法主要要对以下几个方面的内容提出要求和规定：活动点的注册登记、活动内容、收费标准、活动安全、活动点的卫生、活动点指导者的责任等。

（2）做好晨晚练活动点的管理工作。首先要对本社区晨晚练活动点的总量、各类活动点的数量和规模进行充分的了解和认识，然后在此基础上进行规划和分类管理。

（3）做好指导员的选拔培训工作。晨晚练活动点的指导员不仅是活动的组织者，同时，还是活动点与街道社区的联络员，因此，做好活动点指导员的选拔培训工作非常重要且必要。具体要求街道社区体协通过讲座、观摩、学习、交流，分期、分批地对各类项目活动点的指导员进行培训，从而使他们的理论水平和技术水平得到有效提高。

（4）组织活动点之间的比赛交流。活动点之间的比赛和交流可以通过竞争将人们参加体育锻炼的动机激发出来，从而增强他们的兴趣，提高他们参与的积极性，同时还可以通过比赛和交流加强社会交往、互相学习、共同提高。

（5）为活动点解决场地方面的困难。目前晨晚练活动点面临的一个最大困难就是活动场地不足。常常会出现活动点场地被挤占的现象，这就要求街道社区体协帮助活动点抵制不合理的挤占行为。

（6）做好宣传工作。通过多种形式进行宣传，动员、组织居民积极参加晨晚练活动点，鼓励居民开设新的活动点，从而吸引更多居民参与到体育健身活动中来。

（四）社区内单位体育协会与组织

在单位工会或单位体育组织的组织和指导下开展的职工体育锻炼和健身活动，就是所谓的社区内单位体育组织的活动。

我国目前的社区体育和社区体育组织尚处于成长阶段，而一些大中型企业或单位的职工居住地也相对集中和独立，在这种情况下，显然非常有必要将工会或单位体育协会的作用充分调动并发挥起来。

组织和开展职工体育的主要组织形式之一就是企业工会或单位体育协会。群众体育和社区体育的重要组成部分是职工体育，厂矿企业、事业机关等单位的职工是主要参与对象，其主要目的是健身娱乐，以业余、自愿、灵活、多样的原则为依据开展体育活动。职工体育有着非常重要的作用和意义，具体来说，主要从以下几个方面得到体现：第一，开展职工体育是社会主义物质文明建设的需要，能够使职工的体质得到有效增强，工作能力、出勤率和生产效率得到提高，从而对社会的物质文明建设起到积极的促进作用；第二，职工体育是社会主义精神文明建设的需要，具体来说，其能使业余文化生活进一步活跃，从而形成健康文明的生活方式和社会风尚；第三，职工体育是企业文化的重要内容，是树立企业形象的窗口。

为了更好地贯彻我国职工体育工作的方针，将职工体育组织管理的效能充分发挥出来，在进行职工体育的组织管理工作时，应遵循几个基本原则，具体表现为：主业与职工体育主次分明原则、指令性管理与指导性管理相结合的原则、定性管理与定量管理相结合的原则以及纵向管理与横向管理相结合的原则。

四　社区体育场地、设施管理

社区体育场地设施建设要遵循一定的原则和要求，具体表现为：科学规划、合理布局、有效利用和及时维修，以及人性化管理等，具体如下：

（一）科学规划

科学规划是新建、改建、扩建社区体育场地设施首先要做的工作。这项工作不仅要与城市总体规划相适应，要与社区建设规划相协调，还要对社区体育传统文化和大多数社区业主的愿望予以高度的重视。

（二）合理布局

社区体育场地设施建设，要对人群、场地和设施不同的各种类型进行关注。要修建适合老年人群体育活动的场地和设施，同时，也要修建适合中青年人群和少年儿童的体育活动的场地和设施。除此之外，还要以社区的具体情况和体育活动传统为主要依据，建造和配置相应的体育场地设施，以满足人们健身锻炼的需要。

（三）有效利用和及时维修

当前，我国的健身事业发展迅速，我国社区的体育场地设施的发展已经远远落后于群众体育健身的发展，不能满足体育健身的需求。因此，这就要求对社区现有的体育场地设施继续充分利用，开展相应的社区体育活动。同时，还要对社区的体育场地设施进行积极的保养和维修引起高度的重视，以使社区体育场地和设施处于一种良好的、利于群众使用和促进健身活动的状况得到良好的保障。

（四）人性化管理

对社区的体育场地设施的管理要以人为本，并且能够将便民、为民、服务群众的精神和原则充分体现出来。

五　社区健身房服务管理

（一）社区健身房的分类

依据不同的分类标准，可以对我国社区健身房进行不同的分类。通常情况下，社区健身房的分类方法主要有以下几种：

1. 以健身的目的为依据对健身房进行分类

按照这一分类标准，可以将社区健身房分为三种类型，即休闲娱乐室、减肥室、提高身体机能和素质室，具体如下：

（1）休闲娱乐室

这类健身房主要为社区业主提供健身享受。通常情况下，这类健身房包含的内容主要有：摇滚舞、健美操、健身操、体育舞蹈，氧吧、推拿、按摩等。

（2）减肥室

为身体肥胖的健身者提供各种有氧运动的练习器械和环境，是这类社区健身房的主要目的。

（3）提高身体机能和素质室

顾名思义，提高身体机能和素质室的主要目的就是提高身体素质，尤其是为力量水平的中青年健身者提供以发展力量为主的身体素质的练习器械和健身指导。

2. 以功能为依据对健身房进行分类

按照这一分类标准，可以将社区健身房分为两大类，即有氧运动健身房和无氧运动健身房。

（1）有氧运动健身房

这类健身房包括的内容主要有健美操、韵律操、舍宾、瑜伽、塑身运动、艺术体操、轻器械健身项目、体育舞蹈等。因此，其主要提供这些内容的场地设施和健身指导。

（2）无氧运动健身房

提供发展力量等身体素质和身体机能所需要的练习场地、器械、设施和健身指导，是这类健身房的主要功能。

3. 以消费层次为依据对健身房进行分类

目前，按照这一分类标准，可以将健身房分为大众型健身房、中档健身房和高档健身房三大类。

4. 以年龄层次为依据对健身房进行分类

按照这一分类标准，可以将健身房分为儿童健身乐园、青少年健身房、中老年健身房等几大类。

（二）体育健身房项目的经营管理

从事体育健身房项目的经营管理活动，应该具备一定的条件。具体来说，主要表现在以下几个方面：

（1）要具有合法的经营资质。这是最基本的条件之一。

（2）要具有适合体育健身房项目经营活动的场地和设备。这是从事体育健身房项目经营管理活动最基本的物质条件。

（3）要具有体育专业指导人员，并且这些人员要与活动项目、形式、计划相适应，还要具有相应的资质。

（4）从事体育健身房项目培训、辅导经营活动的，还应该提供完整详细的计划书、培训教学提纲、教材和各项有关内容安排说明，并且要将预防措施和救护制度落实下来。

（5）从事体育健身房项目表演、经纪经营活动，应提供体育专业表演人员资质证书、体育经纪人资质证书，体育健身房项目表演的内容需经备案审核。

（6）制定和落实健身房管理规章制度。

（7）落实体育健身房经营活动，将提示内容公开出来，并且将从业人员、管理人员的相关内容落实下来。

第三节　现代新型社区体育管理的模式及发展

一　现代新型社区体育管理的模式

为了达到社区体育管理的目的而采取的各种管理体制、机制、手段、方法的有机结合体，就是所谓的社区体育管理模式。以目前社区体育管理的现状为主要依据，从社区体育管理活动的主体差异出发，可将社区体育管理模式分为三种类型，即政府导向型、市场导向型、社会导向型，具体如下：

（一）政府导向型管理模式

这种管理模式的核心是政府，在现阶段的主题为城区人民政府下派的街道办事处，在居委会、中介组织、社会团体等各种社区体育主体的共同参与配合下，对社区体育的公共事务、社会事务等进行管理。强化基层政府的行政职能，通过政府职能、体育资源的调控，实现自上而下的社会整合是这一管理模式的实质所在。通常情况下，这一管理模式的社区体育管理范围为原街道行政区域。这种模式既有一定的优点，同时也存在着相应的缺点。其中，优点主要表现为：凭借坚实的政府调控能力、经济资源，条块结合、以块为主的行政管理网络在社区体育建设中发挥主导作用；而其缺点则主要表现为：这种政府办社会的方式，由于有"全能政府"、社区体育"单位化"之嫌，使民间的活力得到了一定的抑制，从而使政府的工作效率大大降低，政府的财政负担进一步加重，政府机构有再度膨胀的趋势。

（二）市场导向型管理模式

所谓的市场导向型管理模式，就是通常我们所说的"物业管理模式"。物业管理行业最早在我国出现是1981年3月全国第一家物业管理公司——深圳物业公司的成立，时至今日，物业管理模式已经迅速成长并逐渐壮大起来。虽然这一管理模式还不够成熟，其结构体制和运行机制还存在许多不完善的地方，但是，从目前的发展态势来看，这种管理模式已经成为城市居民日常生活中一种重要依托，具有非常重要的作用和意义。和政府导向型管理模式一样，其也具有一定的优点和不足。其中，优点主要表现为：由于引入了市场竞争机制，社区体育的建设和管理表现出了一定的生命力；而其不足之处则主要表现为：当前物业管理不规范，亟待加强管理。此外，需要强调的是，这种市场化运作的管理模式不能将小区中的社会管理和体育管理完全覆盖起来，因此，还不能说是一种完全意义上的社区体育管理，其地域的范围通常只是封闭性的小区。

（三）社会导向型管理模式

以社区居民为核心，联合社区内各种社区体育组织、机构，共同参与社区体育事务的管理，实行真正民主自治管理的一种模式，就是所谓的社会导向型管理模式，也可以将其称为社区体育居民自治模式。社会导向型管理模式也有相应的优点和不足。其中，能够将社区内居民广泛参与社区体育事务的积极性充分调动起来，使社区居民真正成为社区体育的主人，管理自己的事务，对于社区居民对社区体育的认同感、归属感的形成，以及良好的社会体育风尚的形成都较为有利，这是社会导向型管理模式的主要优点所在。此外，其优点还表现为：从经济的角度来看，社区居民自治这一管理模式的管理成本较低；从政治的角度看，社区居民自治对于推进基层的民主建设、公民的政治参与较为有利，同时对于造就新一代的公民和培养体育人口也是较为有利的。而这一管理模式的不足之处则主要表现为：从现阶段社区体育管理实践看，离开政府的引导，离开法律的规范，社区体育自治有流于形式、纸上谈兵之嫌。

上述三种管理模式都有不同的特点，实际生活中的社区体育管理通常遵循的是上述三种管理模式的有机整合，以政府为统一领导，根据"政企分开、政社分开、政事分开"的基本原则，将各种社区体育主体分工合作、协调共建的作用充分发挥出来。

二　现代新型社区体育管理的发展

现代新型社区体育管理的发展，主要表现在观念、体制、内容、手段等几个方面。下面就对这几个方面的发展进行分析和阐述。

（一）社区体育管理观念的发展

社区体育管理观念的发展不仅是时代的需要，同时也是社区体育管理发展的需要。要使社区体育管理与知识经济时代下社区体育发展的需要相符合，就必须做到从以下几个方面着手：

1. 从单一管理逐渐转变为系统管理观念

随着社区体育的不断发展和完善，单一的管理观念已经很难与时代的需要相适应。因此，这就要求必须从系统的观念出发进行社区体育管理的发展。由于社区体育的范畴已经远远超过了以前街道的范围，社区体育建设的内容也得到了较大程度的拓展，仅仅依靠单一行政管理手段的运作方式已无法使现实中社区体育发展的需要得到满足。因此，这就要求采取新型的与之相适应的管理方式。社区体育综合管理系统的重要手段主要包括经济手段、法律手段、社会手段、情感教育手段等。

2. 从物本管理逐渐转变为人本管理观念

传统的管理理念是把物作为管理的目标，把人作为物的从属物。而知识经济以知识的生产、配置为基础，把经济的增长依托于知识的积累、传递、应用与创新。人有着非常重要的、不可替代的作用和意义，因此，在社区体育管理中，应该顺应时代发展的趋势，进一步转变观念，对人本管理引起高度的重视，将"以人为本"的理念充分体现出来，将社区居民的主体地位确保下来，使社区中的居民成为社区体育建设的主体，将广大社区的居民参与社区体育事务的积极性和主动性充分调动起来。这是社区体育管理工作的首要目标，也是衡量社区体育管理工作得失的最基本标准。

3. 从集中管理逐渐转变为民主管理观念

集中的管理对政府的权威较为注重，同时也强调权力要集中、统一运行，过度集权与行政现代化建设发展趋势不相适应。因此，在社区体育管理中，就要求必须适当地分权，让广大的社区居民、企业、社会团体等社区体育主体参与到社区体育事务中来，从而形成社区体育事务逐渐转变为社区体育内各种主体共同建设的良好局面。

4. 从命令管理逐渐转变为服务管理观念

从命令行政到服务行政的转变，将使公共权力回归到为公众服务的本来性质、本来面目。为社区体育建设创造一个良好的社会环境，培育社区体育内各种利益主体、社区体育的共同意识，对社区广大居民积极参与社区体育的事务进行积极的引导和教育，减轻政府的负担，是现代社区体育管理的主要目的。而这个观念的转变对于政府为社区体育的建设提供更多的"服务产品"是非常有利的。

5. 从静态管理逐渐转变为动态管理观念

随着社区体育的建设和发展，社区体育方面的工作越来越多，这就要求社区政府对过去那种传统的"上传下达"的单向沟通模式进行改革和完善，使政府的核心作用得到强化，政府的办事效率得到提高。原来静态、被动地坐在办公室里研究对策，进行政策运行的社区体育管理方式已经很难与时代发展的需要相适应。因此，这就要求必须以社区体育的客观实际环境的变化为主要依据，对管理的政策进行调整，改变政策运行手段，制定不同的评估标准，使社区体育管理的运行与社区整体环境的变化相适应，使社区体育管理职能得到转变。

（二）社区体育管理体制的发展

随着计划经济逐渐过渡为市场经济，我国城市的社会生活和管理体制正在发生整体的深刻变革，并且正在形成"小政府，大社会"的格局。由此，也将"单位制"向"社区制"、"国家制"向"社会制"等一系列制度创新充分带动了起来，从而对我国城市社会的变迁进程起到了积极的推动作用。

从城市社区体育建设发展的角度上来说，新中国成立以来，城市体育的开展已经取得了大量的经验，但是，需要注意的是，这些经验主要针对计划经济条件下的体育形态。因此，社区体育管理体制的发展中，应该着重关注的方面主要包括建立新时期我国城市体育管理体制，对社区体育健康顺利的发展进行积极的指导，将它在城市体育中的重要作用充分发挥出来。

（三）社区体育管理内容的发展

政府管理的作用非常重要，在任何现代国家的社会管理中都是不可或缺的。当前，提倡的"小政府、大社会"并不意味着政府将社会管理的责任放弃掉了。需要强调的是，城市社区体育最终的目的还是要实现它的自治，具体来说，就是由城市社区居民自己管理自己的社区体育事务。当然，实现城市社区体育自治，不可能一步到位，它有一个循序渐进的过程。具体来说，主要体现在以下几个方面：

1. 将社区体育组织的作用清晰地明确下来

更广泛意义上的由社区体育组织进行联络和整合的民间社会，是今后社区体育的定位。另外，应将街道行政区与社区体育、行政管理事务与社会管理事务都区分开来。要达到这一目的，就必须转变社区体育管理方式，政府合理进行分权和放权。这样，不仅能够使社区体育内的街道办事处和各类职能部门所拥有的管辖权更加切实，而且还赋予了社区体育社会组织更多的权利与影响力，这对于行政力量与社会力量的平衡发展是非常有利的。

2. 使社区居民的民主参与意识得到有效提升

公众参与就表示社区居民对社区体育责任的分担和成果的共享。只有切实提高社区居民的民主参与意识和自治意识，才能够使社区体育工作从政府管理逐渐向广大居民的自我参与和管理转变，并最终形成社区体育自治的管理模式。而要达到这一目的，就要求积极拓宽居民参与的渠道和途径，让居民将自己对社区体育建设的要求和建议充分表达出来，从而进一步加强对政府政策的支持与合作。社区体育的娱乐设施与文化活动，能够使居民的精神生活更加丰富多彩，居民的情操得到陶冶，居民之间的交往得到增进，居民的素质有所提高。除此之外，建立社区体育服务志愿者队伍，能够使社区体育人力资源开发的力度进一步加大，居民的公益精神和奉献精神得到有效的提升。

3. 使社区体育组织管理法律制度进一步健全、完善

这一方面内容的发展主要表现在以下几个方面：第一，以法律形式将社区体育管理委员会等决策组织的法人地位确定下来，并且赋予其相应的权利和义务；第二，通过法规和规章，赋予社区体育各类执行机构一定的权力；第三，对社区内各类体育组织建制明晰，将各组织相互之间的职权范围清晰地明确下来。除此之外，还要在出台全国性的法律之前，以各地的特点和发展情况为依据将一些地方性法规制定出来。

4. 使社区体育组织要素的社会性功能进一步发展

具体来说，就是所谓的加强社区体育组织在横向方面的发展。不同的社区体育组织其社会性功能都有一定的差异性，具体表现为以下几个方面：第一，社区协调议事委员会的功能主要表现为：对社区体育内的各种社会资源进行积极的调动，统一规划社区体育发展与社区体育服务的方向、内容、资金和行动，对其他各组织的关系进行协调，进而做出决议并监督规划实施情况。第二，社区工作委员会组织的社会功能主要表现为：对社区体育起舆论监督和咨询服务作用。第三，有偿服务型组织的社会性功能主要表现为：承担政府转移出来的职能，发挥服务与中介作用。第四，健身产业经营与开发组织的主要社会性功能主要表现为：增强社区体育的经济整体功能和提高社会效益。

5. 要两手齐抓硬件与软件

这里所说的硬件主要是指社区内的体育场地、设施建设，具体来说，

主要包括满足社区居民生活需要的体育基础性设施，比较具有代表性的有健身路径、环境绿化、健身器械、文化娱乐设施等。这些体育设施的管理必须具备两个条件，一个是有管理人员，一个是有相应的管理制度。社区内的公园、闲置空地和楼群间要有布局合理的简易体育健身设施；每个居委会有 1 个以上固定的晨、晚练指导站（点）。

可以说，软件的管理是一种"人本主义"的管理。可以将软件的建设看作是硬件的一种提升，软件建设是人们在改造客观世界的过程中进行的主观世界的改造，其包括的内容主要有体育思想、体育道德建设、文化建设等几个方面，软件在一定程度上标志着一个社区的文明程度。

（四）社区体育管理手段的发展

社区体育管理手段也有了一定程度的发展，具体来说，其发展主要体现在以下几个方面：

1. 由直接管理手段逐渐过渡为间接管理手段

社区体育管理采用的直接管理手段，即单纯依靠行政机关行政命令去管理社区体育的事务，在管理事务的过程中仅仅将行政系统的主导作用发挥出来。这种管理手段能够集中力量统一办事，便于政府管理职能的发挥，解决社区体育的一些特殊问题，这是其主要优势。但是，随着经济的不断发展，人们的民主意识不断增强，这种管理手段与社区体育发展的需要越来越不相适应。这就展现出了直接管理手段的不足之处，即不利于分权，不利于发挥其他系统的作用，横向沟通困难等。改进管理方式就显得非常重要且必要了。

法律规范手段、制度手段、经济运行手段等是主要的间接管理手段。其中，经济运行手段是其中较为重要的一个方面。在社区体育管理中要通过经济的管理手段的运用，将市场竞争在管理中的作用充分发挥出来，使社区体育事务的管理效率得到有效提高。

政府间接管理手段的实施使政府的职能得到了转变，政府的负担减轻，为政府能够提供更高效的社区体育服务奠定了坚实的基础。

2. 管理手段的多样化程度越来越高

社区体育管理手段发展的另一种趋势是管理手段的多样化。随着社会的发展，社区体育事务变得越来越复杂，单一的行政管理手段已经难以与社区体育发展的需要相适应，这就要求在进行社区体育管理时，必须吸收社会团体及组织自治性管理手段和企业单位市场行为的管理手段的长处和优势，使单一行政手段的不足得到尽可能的弥补。

3. 管理手段逐渐趋于信息化、网络化

随着世界经济的全球化、信息的一体化以及信息技术广泛的推广和应用，管理手段的一个重要发展趋势即为信息化、网络化，信息化、网络化管理在社区管理的各个环节中都得到了充分的体现。社区中网络工程的启动，为社区体育管理手段的信息化提供了可能和条件，逐渐提高了社区体育管理手段的知识技术含量，知识管理手段成为社区体育管理的一种新手段。把社区内的各种信息与体育活动、信息与人有机地结合起来，实现信息资源的共享，进一步拓宽了社区体育管理者获得信息的渠道，这对于提高社区体育管理者决策的科学化、合理化都是非常有利的。

第五章

城市及小城镇社区体育的建设与发展研究

随着我国现代经济的快速发展，人们生活水平提高，我国的城市、小城镇社区建设的步伐也逐渐加快，同时社区人们的文化、体育、娱乐生活也得到丰富。为了促进城市、小城镇社区体育更好地发展，本章就城市及小城镇社区体育的建设与发展方面进行研究。

第一节　城市社区体育的建设及发展

针对我国城市社区体育的建设与发展，本节重点对我国城市社区体育兴起的社会背景、发展概况、城市社区体育的组织管理体系、城市社区体育的现状特点、城市不同社区的特点及体育特征，以及发展趋势进行重点阐述。

一　城市社区体育兴起的背景

在计划经济时代，单位往往会花费大量的人力、物力、财力，占用工作时间来组织本单位和本行业跨地区的各种体育活动。随着我国经济体制的改革，单位的专业性功能得到强化，同时其全能性功能被分解。制度化的"单位体育"受到单位专业化功能的限定，以及单位经济压力等方面的制约，以"条条管理""单位管理"为主的社会体育受到越来越多的限制。因此，20 世纪八十年代末，城市社区体育便应运而生。

我国城市社区体育兴起的原因可以概括为以下四个方面：

（一）我国城市经济体制改革为社区体育的兴起提供动力

在我国城市经济体制改革的大背景下，我国社会体育发展适应新的经济体制，从而得到兴起与发展，也就是说，我国城市社区体育的兴起是我国社会体育发展适应我国城市经济体制改革的必然结果。在过去相当长的时间内，我国城市呈现出较为严重的"单位社会化"现象，城市社会体育一直由单位、行业、系统组织开展，导致我国社区体育基本上没有得到发展。"单位社会化"现象使单位变成了一个"大而全""小而全"的综合性社会单位，导致单位功能的泛化，效益低下。另外，"单位社会化"现象变相剥夺了城市社区的职责，削弱了社区功能，人们对社区没有归属感，社区意识淡薄，因而更加依附单位，造成恶性循环。

20 世纪八十年代中期，我国进行了以转变企业经营机制为核心的城市经济体制改革，以及 20 世纪九十年代初，我国又进行了市场经济体制改革，这些经济体制的改革强化了企业的经济功能和事业单位的公共服务功能，压缩了政府行政编制和微观管理功能。这一系列的变化使得以往根深蒂固的"单位体制"受到巨大冲击，许多并不是单位主要的职能正在分离给社会，由社会承担起来。以"条条管理""单位管理"为主的社会体育受到越来越多限制的同时，人们的体育需求却在不断增长。当人们的体育需求增大，而单位无法满足其体育需求时，人们的体育利益取向就开始由单位转向社区。在业余时间就近就地开展的经常性社区体育活动，成为满足人们体育需求较为理想的途径。

（二）社区管理体系的建立为社区体育发展提供了条件

我国社会主义市场经济体制的建立对城市基层社会建设提出了更高的要求，社会逐渐承担其众多的社会服务职能，因此，加强社区建设、社区管理和社区服务已成为深化经济体制改革的需要。社区管理是一项完整的系统工程，它与社区服务紧密相关。随着人们生活水平的提高，社区管理和社区服务的质量与居民的生活、工作和学习的关系日益密切，尽快建立与经济体制改革相适应的管理有序、服务完善的社区管理体制已是众望所归，也是社区发展的必然要求。社区体育是社区文化和社区服务的重要组成部分，是社区建设的重要内容，开展社区体育不但能增强居民的体质，丰富业余文化生活，改善生活方式，提高生活质量，还可以使人际关系更加密切，培养社区感情，增强社区凝聚力，强化社区意识，从而更好地促进社区精神文明建设。由此可见，社区体育的发展不但符合体育事业的要求，而且也是社区建设和社区管理的需要。

（三）社区老龄化人口的增多促进了社区体育兴起

随着我国离退休制度的建立和完善，大批的离退休人员涌向社区，人均寿命的增加加快了人口老龄化速度。我国在 2000 年就已经进入了老年型国家的行列。老年人拥有大量的闲暇时间，同时对健康长寿和重建社会交往圈有着迫切的需要。体育活动正好是他们保持健康、延缓衰老、扩大社会交往、消除孤独与寂寞、善度闲暇的理想途径。老年人对体育的钟情，推动了社区体育的发展。

（四）体育社会化促进了社区体育的发展

随着社会主义市场经济体制和城市经济体制的改革，以及人们体育需求的增长，政府独自办体育的局面已经不能适应体育发展的需要，必须走体育社会化之路。因此，社区体育不仅是社区建设的主要内容，也是体育社会化的产物。

二　城市社区体育的发展概况

20 世纪八十年代中后期，我国开始出现城市社区体育活动，当时在北京、天津、上海、沈阳等大城市，出现了以街道办事处牵头组织的体育活动，并成立了街道社区体协，打破了行业隶属关系，组织辖区单位和居委会就地就近开展体育活动。

1989 年，民政部提出了一个社区服务的概念，它启发我们将体育工作作为社区服务的一个内容。1990 年，天津市河东区二里桥街最先提出社会体育这个名词。1991 年，原国家体委在天津就社区体育召开了小型研讨会；同年，北京体育大学的王凯珍对社区体育进行立项研究，并写出了比较有价值的论文。1993 年，原国家体委在沈阳召开了社区体育现场会；同年，王凯珍、肖淑伦、李建国在职工体育工作研讨会上分别提交了社区体育的论文并发言。

1995 年 7 月，全国政协教科文卫体委员会体育组对全国大中城市基层社区体育现状进行了调查，并提供了调查报告。1995 年 8 月 29 日，在全国人大批准颁布的《中华人民共和国体育法》中明确提出：城市应当发挥居民委员会等社区基层组织的作用，组织居民开展体育活动，开展社区体育。从法规上对社区体育正式做了明确说明。1995 年底，原国家体委群体司与北京体育大学联合进行了关于"中国城市城区体育的现状与发展趋势"的课题研究，为 1996 年的全国社区体育工作会议做理论准备。

1996 年 11 月，原国家体委在湖北召开了第一次全国社区体育工作会议，在会议上对社区体育的概念、发展方向、现状特点进行了深入的探讨和定位。

1997年，原国家体委根据我国全民健身活动的实际需要，开始实施"全民健身工程"。在3年多的时间内，国家体委与各省、市、区在全国共1000多个城区、县区兴建了"全民健身工程"2000多个，健身路径近万条，为老百姓进行体育健身提供了活动场所。1997年4月，国家体委、国家教委、民政部、建设部、文化部联合下发了《关于加强城市社区体育工作的意见》，对社区体育的概念、社区体育工作的主要任务和职责、组织管理与体制、场地设施的建设与利用等做了明确的阐述。1997年11月，国家体委颁发了《全国城市体育先进社区评定办法（试行）》。

1998年2月，国家体委下发了《关于开展第一批全国城市体育先进社区评定工作的通知》。到2002年为止，全国共有3批507个社区被授予全国城市体育先进社区的称号。2002年7月对体育先进社区和全民健身工程情况进行了抽查。现在，全国各省、市、区都制定了本地区城市体育先进社区标准，并开展了评定工作。

1999年初，全国政协针对全国俱乐部现状进行了我国有史以来的第一次调查，并以《体育改革的重要方向——关于我国体育俱乐部情况的调查报告》的形式将调查结果上报给李岚清同志，李岚清就此做出了重要批示，对社区体育工作提出了明确的要求。

1999年3月，国家体育总局组织了全国性的城乡社区体育组织调研，并于2000年完成了《全国城乡社区社会体育组织调研报告》，调研结果对社区体育组织建设工作具有很好的参考价值。

1999年7月，国家体育总局在天津举办了全国城市社区体育干部培训班，以提高社区体育干部素质。

2000年4月，国家体育总局群体司在上海召开了"城市社区体育经验交流会"，各地相互交流了开展社区体育工作的经验和体会，达到了相互学习、共同提高的目的。

2000年5月，在湖北省武汉市举办了全国第一次社区体育运动会，国家体育总局在这个运动会上，举办了首届全国健身路径优秀锻炼方法示范比赛。

2000年8—10月，国家体育总局对第二批体育先进社区和全民健身工程进行了抽查。

2001年初，国家体育总局在召开的全国体育局长会上，明确提出构建面向大众的体育服务系统，城市要以社区为重点。

2004 年，国家体育总局启动"社区体育俱乐部"试点工作。

三　城市社区体育的组织管理体系

（一）组织领导体系

社区体育的组织领导体系既是管理的主体，也是管理的客体。从一个具体的社区体育管理部门来看，它对本社区的体育行使着管理的职能，是管理的主体；但从整个国家和社会的体育管理的职能部门来说，它又是被管理者，是管理的客体。社区体育的管理可以分为两个层次：一是政府和社会对社区体育的管理；二是基层社区内部的体育管理。社区体育的组织领导体系是由领导体系、协调体系、操作体系三大部分共同组成的，分为市、区、街道、居委会四个层次（表 5 - 1）。每个体系，每个层次都有各自的职责，发挥着各自的作用。现阶段社区体育主要的组织管理机构是街道社区体协，而体育活动点和体育辅导站是主要的活动性组织。

表 5 - 1　　　　　　　　　社区体育的组织管理体系

层次	领导体系	协调体系	操作体系
1	市体委	市体育总会	市单项（人群）体育协会
	↓	↓	↓
2	区体委	区体育总会	区单项（人群）体育协会
	↓	↓	↓
3	街道办事处	街道社区体协	街道单项（人群）体育协会
	↓	↓	↓
4	居委会	居民体育小组	体育活动点、体育辅导站

（二）组织管理机构

目前，我国主要的社区体育组织形式是街道社区体协，该组织形式出现于 20 世纪八十年代中期。它是以街道辖区为区域范围，以基层政府派出机构——街道办事处为依托，由辖区各单位和下属各居委会参与共同组成，并采用理事会制度，机构附设在街道文教科、文化站或社区服务中心，是一种街道辖区内的体育联合体。街道社区体协下设人群体协、项目体育协会、晨晚练活动站和居委会体育小组等（图 5 - 1）。我国城市社区体育以街道社区体协为主，其他区域性体协为辅，组织结构基层化十分明显。街道社区体协以街道办事处为依托，以辖区单位和居委会为参加单位共同组成。街道社区体协属于上位管理型组织，体育协会、体育俱乐部、晨晚练体育活动点、体育辅导站、体育服务中心、辖区单位体协、居委会体育小组等组织是下位活动型组织。街道社区体协负责管理晨晚练体育活动点，此外，市工会、区工会、体协和辖区单位也各自管理一些体育活动点。辖区单位体协在接受本单位直接领导的同时，接受街道社区体协的间接领导，街道社区体协具有明显的"区域性单位体育联合体"的特点，这些都是现阶段社区体育与单位职工体育密不可分的具体表现。

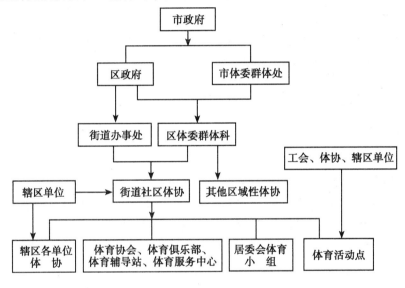

图 5 – 1

另外，社区体育在横向上突破了以往群众体育"以单位为主、以条为主"的管理体制，纵向上使群众体育深入到了城市的基层，有利于形成"条块结合""以块为主"的新的群众体育管理体制。

四　城市社区体育管理的内容

我国城市社区体育组织管理的内容可分为政府部门的宏观管理和基层社区内部的微观管理两部分，具体内容如下：

（一）政府部门的宏观管理

参与社区体育宏观管理的政府部门有很多，如市区人民政府、体育部门、教育部门、民政部门、文化部门、城市规划部门等。各个部门主要管理职责如下：

（1）各级人民政府、街道办事处：各级人民政府及其派出机构——街道办事处是社区体育的领导和管理部门。应将社区体育工作纳入城市社会发展的总体规划，作为社区建设和社会主义精神文明的一项重要内容。要有计划地发展社区体育，为居民参加体育健身活动创造良好的社会环境和物质条件。

（2）国家体育总局群体司、城市体育处及各省、市、区体育局群体处（科）是社区体育工作业务主管部门，其职责是按照国家的体育方针、政策支持和指导社区体育工作，并制订社区体育的发展规划和工作计划，以及各项管理制度。

（3）城市规划部门：根据国家对城市公共体育设施用地定额指标的规定，将居民居住区的公共体育设施建设纳入城市总体规划和详细规划中，合理布局，统一安排。

（4）教育部门：鼓励和支持学校体育设施对社区居民开放，并使学校体育教师、体育设施在开展社区体育活动中的积极作用得到有效发挥。

（5）民政部门：根据城市管理中街道办事处的管理、协调、指导、服务等职能作用，将开展社区体育作为街道办事处的一项工作职责，将社区体育作为社区建设的组成部分，统筹规划和评估，在政策上给予支持。

（6）文化部门：在建设和发展社区文化的工作中，文化部门要重视社区体育的开展，大力宣传体育健身对增强体质、丰富文化生活、提高生活质量等方面的意义和作用。

（二）街道基层社区内部的微观管理

（1）街道办事处：对社区体育具有领导、管理的职能，要设置社区体育管理部门，配备体育干部；建立街道项目体协、人群体协等体育组织网络；选拔和培养体育指导员，提高体育指导水平；建立社区体育工作管理制度和工作档案；在体育部门的指导下，组织社区内居民经常开展体育健身活动和竞赛活动，以满足社区居民的体育兴趣和需求。

（2）居委会：在街道办事处的领导下，做好居民区晨晚练活动点等体育组织的建设和管理工作；通过多种形式的宣传、教育活动，提高居民的体育意识和体育兴趣；组织居民开展日常性、经常性的体育健身活动。

（3）社区内机关、学校、企事业单位：要在分解单位社会服务功能的同时，增强社区意识，支持和协助街道和居委会开展社区体育工作，鼓励单位职工积极参加社区的各类体育活动，逐步实现体育利益取向的转变。

五　城市社区体育的现状特点

当前我国城市社区体育的现状特点主要表现在以下几个方面：

（一）老年人是参与社区体育的主体

全体社区成员都可以参与社区体育，但由于中青年人迫于工作压力和家庭负担，参与体育活动的时间受到限制，因此，老年人成为参与社区体育的主体。根据1996年的抽样调查，全国381个体育活动点共有51796名参与者，其中60岁以上的占74.0%。2000年群众体育现状调查结果表明：55岁以上人群中，体育人口占该年龄段总数的43.9%。

（二）组织形式基层化

街道社区体协、居民体育活动小组和晨晚练体育活动点等，是城市社区体育的主要组织形式。其中，晨晚练体育活动点是当前我国城市社区体育的最主要组织形式。这些组织形式植根于城市的最基层，是群众体育实现生活化、普遍化的保证。

（三）组织管理自主型与行政引导型相结合

锻炼者自发管理、体育行政部门管理、街道居委会管理、各级工会管理、各类体协管理、企事业单位管理和其他部门管理是晨晚练活动点的7种形成和管理方式。在形成方式中，1996年锻炼者自发组成219个、占57.5%，2000年占60.3%，均居第一位。

（四）活动时间以早晨和晚上为主

根据相关调查，1996年，我国城市社区体育最主要的组织形式——晨晚练活动点，在早晨8点以前活动的占79.8%，晚上活动的占48.6%，而上午和下午活动的相对较少。2000年晨练的占80.7%，晚练的占47.7%。多数活动点在早晨8点以前活动，这既与活动点缺乏活动场所有关，也与我国人民特别是老年人"早睡早起"的作息习惯有关。

（五）文体一体化

当前社区体育正处于初级阶段，由于受到体育场地设施条件的限制，社区体育的活动内容以走（跑）步、气功、健身操、交谊舞、武术等内容为主，非竞技化、韵律性、传统性、文体一体化特点十分明显。

（六）活动场所非正规化

进行社区体育的活动点主要有八类活动场所，并且在这些活动场所中，就近公园（22.8%）、街道居委会场地（16.8%）和街头巷尾（19.9%），这三类活动场所举办社区体育活动点居于前3位。我国社区体育场地严重匮乏，难以满足需要，不得不利用公园、空地作为补充。根据2000年全国群众体育现状调查结果显示，我国城市居民体育活动场所主要集中在公共体育场所、公园或广场、单位体育场地（表5-2）。不同类型社区的居民的体育活动场所各具特点，传统社区和边缘社区以公共场馆、公园广场为主；单位社区和新型综合社区以公共场馆、公园广场为主。

表5-2　　　　　2000年城市居民体育活动场所分布（共5426人）

排序	体育活动场所	参与人数	百分比/（%）
1	公共体育场所	1172	21.6
2	公园或广场	1044	19.2
3	单位体育场地	872	16.2
4	住宅小区空地	742	13.7
5	自家庭院或室内	586	10.8
6	公路或街道	588	10.8
7	收费体育场所	395	7.3
8	树林、堤岸、草原	264	4.9
9	场院	151	2.8

（七）社区居民满意率较低

如表5-2所示，2000年全国群众体育现状调查结果显示：对本社区开展体育活动的满意率为21.6%，不满意率为30.6%，中性态度为47.7%。对本社区体育设施的满意率为10.3%，不满意率为51.8%，持中性态度的占37.9%。满意率相当低，应引起我们的重视和关注。

六　城市不同社区的特点及体育特征

（一）城市居民居住地带及其特点

城市居民居住地带主要有单位社区、传统社区、边缘社区和综合社区四类，其主要特点如下：

（1）单位社区：是指以单位社区为主要特征的混合居住地带。在改革开放前，国营企事业单位、行政机关自己建的房，分给自己的职工居住，居住与就业重合；一般以4—6层单元房为主；配套设施较为齐全，居住环境较好；依单位的属性而发生居住上的分化，如文教单位的知识分子居住区，工业类单位的工人居住区。如今，这种现象仍然存在。

（2）传统社区：是指旧城区的旧居住地带。旧居住地带是在新中国成立前遗留下来的，以及新中国成立后盖起来的；归属于房管所或私人；以低层为主；不成规模；陈旧、拥挤、环境和卫生条件差；居住者以商业、服务业人员为主。

（3）边缘社区：是指城市里的村庄，主要是外来人口居住、流动性大；规模小、呈组团状镶嵌；条件差；以城乡接合部为主。

（4）综合社区：是指郊区的新居住地带。20世纪80年代在城区周围开发的新型居住区，以居住区的形式而非单位形式为主开发，就业与居住分离；以中、高层为主；居住分化明显，有私人高收入人群购买的花园式别墅和高级住宅，也有单位和政府组织的旧城改造、城市建设搬迁来的和低收入人群购买的经济实用型康居工程。

（二）城市居民居住空间的特点及形成原因

城市居民居住空间的特点及形成原因主要表现在以下几个方面：

（1）居住空间与就业空间、商业空间和日常娱乐空间重合：长期以来，中国城市主要采用就业岗位和住宅及生活服务设施一起布局的单位形式来组织和扩展。

（2）以居民个人的经济地位及家庭状况为主导的居住分化不明显：这是由以单位为基础的住房分配体制和计划经济下的住房福利分配制度造成的，因缺乏住房市场，居民难以自由选择住房。

（3）新居住地带功能完善程度差异大，单位制与非单位制并存：这是经济收入差异、不同时期建房标准不同、住房单位分配制向商品制转变的结果。

（三）城市不同居住社区和社区体育的特征

如表5-3所示，城市不同居住社区和社区体育的特征。

表5-3　　　　　　　　城市不同居住社区和社区体育的特征

比较内容		旧居住地带的传统社区	混合居住地带的单位社区	新居住地带的综合社区	都市里的村庄的边缘社区
社区特征	社区居民	异质性较强	同质性强	异质性强	异质性较强
	社区环境和条件	较差	较好	好	差
	社区互动	社区互动频率高	单位互动频率高	社区互动频率逐步增强	社区互动频率低
	社区氛围	很强	弱	较强	较差
社区体育特征	社区体育参加者	异质性较强	同质性强	异质性强	很少
	社区体育设施条件	较差	较好	较好	差
	社区体育组织发动	容易	难	较容易	难
	社区体育内容的选择性	局限性大	由单位体育条件决定	由社区体育条件决定	很小

七　城市社区体育的发展趋势

（一）社区体育在社会体育中的地位不断提升

21世纪是我国进行社会主义现代化建设的重要时期，在这一时期，社区建设将发挥重要作用。2000年6月，胡锦涛同志在天津考察时强调，加强城市社区建设是城市经济社会协调发展的必然要求，对深化改革、促进经济发展、提高群众生活质量、维护社会稳定、巩固党的执政基础，都具有重要的意义。同年12月，《民政部关于在全国推进城市社区建设的意见》指出，推进城市社区建设，是改革开放和社会主义精神文明建设的有效措施；推进城市社区建设，是繁荣基层文化生活，加强社会主义民主政治建设的重要途径。社区建设在新世纪所具有的重要意义，决定了党和国家对社区建设高度重视的必然性，社区体育是社区文化的重要组成部分，而社区文化又是社区建设的五大内容之一。在党和政府高度重视社区建设的大背景下，社区的快速发展将会促使社区体育迅速发展。

随着现代社会经济的快速发展，社会生产方式的转变和人们生活方式的改变，人们对于体育的需求不断增长。当人们对于体育的需求不能在单位得到满足，而政府又不再提供众多具体的体育服务时，人们的体育利益取向就开始由单位转向社会，具有就近、方便特点的社区体育将成为人们满足体育需求的重要途径，社区体育将逐渐成为社会体育的"主角"。

（二）社区体育在社区建设中的地位将明显提高

社区体育在社区建设中的地位提高主要体现在以下几个方面。

（1）2008年第29届奥运会在北京成功举办，对我国整个体育事业带来巨大的影响。国家、社会及每一个公民都更加关注体育，体育宣传加强，体育赛事增多，体育经费投入加大，体育场馆设施增多，体育的地位得到空前提高，体育氛围逐渐形成，全民体育意识普遍增强。无论是竞技体育、社会体育还是学校体育都将得到空前大发展。

（2）进入21世纪，我国社区体育的发展面临着社区大发展和体育大发展两大机遇。在这两大发展机遇的同时作用下，我国社区体育将得到快速发展。

（3）社区体育能够增进居民身心健康；丰富居民闲暇生活；改善居民生活方式；加强社区整合，增强社区凝聚力；促进居民参与；发展社区体育文化等功能，这些社区体育自身特有的功能魅力体现了它与现代人的发展要求和现代社会发展要求的一致性和适应性，从而决定了社区体育在社区建设中的地位将不断提升。

（三）社区体育场地设施条件得到改善

随着社区建设投入的增加，以及"全民健身"和"中国体育彩票全民健身活动中心"建设工程的实施，社区体育场地设施条件将得到改善。

（1）根据社区体育现状调查可知，体育场地设施条件的匮乏是制约我国社区体育发展的主要因素。为了满足人们对体育不断增长的需求，各地社区想方设法筹集经费，建设体育场地设施。例如有的利用本街道的创收经费修建体育场地设施；有的街道通过财政拨款支持体育场地设施建设；还有的从各类社会募集资金中抽取一部分资金来用于体育场地设施的建设。各地通过采用各种途径和措施来加大对社区体育场地设施建设的投入。

（2）1997年国家体育总局为贯彻落实《全民健身计划纲要》一期工程，发挥体育彩票的作用，开始实施"全民健身"工程，几年来在全国基层社区兴建了近3000个全民健身工程，为居民创造了上万条健身路径。2001年，国家体育总局在《全民健身计划纲要》二期工程中，实施了"中国体育彩票全民健身活动中心"。"全民健身"工程和"全民健身活动中心"建设工程的实施，将继续改善社区体育场地的设施条件。

（3）随着城市规划建设的整体意识和人本意识的增强，城市体育场地的设施建设将与城市广场、公园、绿地建设紧密结合，实现体育、休闲全方位一体化。

（四）社区体育发展模式多样化

在体制改革前，城市对基层的管理模式基本上是相同的。在体制改革后，新体制下的社区发展中，不同类型社区之间的差异性和多样性会越来越明显。近些年来，新形成的一批城市和老城市新扩展的城区，其社区构成的基础单位与传统社区有着很大的差别。其中，有些是由相对开放的、各类城乡单位交叉形成的区域，有些则是由相对封闭的独立单位、村队整体组成；有些是由经济发达的村镇演化而来的；有些则是由条件较差的农村转化而来的；还有大批新建的新型住宅小区。在这些社区中，不同的社区类型，有着不同的社区体育发展模式，因此，根据各类社区的特点来选择适合自己的发展模式具有十分重要的意义。

第二节　小城镇社区体育的建设及发展

城镇社区体育是城镇体育的重要内容之一，它对提高城镇居民的体育文化素养和物质文化生活水平，对城镇居民的社会心理稳定具有十分重要的意义。城镇的体育健身已成为关系中华民族整体素质的关键环节。目前，很多城镇在建设和发展过程中缺乏前瞻性，注重基本生活设施建设，忽视体育基础设施的建设，没有考虑到社区体育未来发展的需要，造成城镇社区体育发展与城镇发展处于严重失调的局面。本节就小城镇社区体育的发展状况、影响因素及我国小城镇社区体育的发展趋势进行研究，以促进我国小城镇社区体育更好、更快地发展。

一　小城镇社区与小城镇社区体育的概念

（一）小城镇社区的概念

城镇社区是指小城镇或集镇社区，它是一种正在从乡村性的社会变成多种产业并存的向着现代化城市转变中的过渡性社区，兼具农村社区和城市社区某些生活方式与特征。另外，城镇社区是农村和城市相互影响的一个中间环节，它是连接城市和农村的桥梁和枢纽，是较小的地域范围内的政治、经济、文化、社会活动中心和居民聚集区。

目前，我国对小城镇的界定没有权威的定论，总体有以下几种看法：一是指 20 万人口以下的小城市、工矿区、县城、建制镇和农村镇；二是指 2—5 万人以下人口的小城市和人口 3000—5000 人或稍小于此数字的小集镇；三是指国家批准设镇建制的县镇和未设镇建制的集镇；四是按国家现行的行政建制规定，凡是设镇建制的即为小城镇。

（二）小城镇社区体育的概念

根据我国城镇社区体育实践和社区体育的概念，我国小城镇社区体育是指在城镇社区范围内，依托社区力量，以社区内外的自然环境和体育设施为物质基础，以全体社区成员为主体，以满足社区成员的体育需求、促进社区成员的身心健康、巩固和发展社区感情为主要目的，就地就近开展的区域性群众体育活动。

二　小城镇社会体育的内容

我国小城镇社区居民体育活动所采用的运动项目具有鲜明的民族文化特色和时代特征。在一些相对比较富裕的城镇，社区居民的体育活动既有保龄球、斯诺克、跳舞、高尔夫等少数世界流行的，收费较高的现代体育运动项目，也有我国传统的健身养生方法和地方特色项目，内容丰富多样。但是，从我国小城镇整体情况来看，由于受到当地经济发展水平、体育发展政策、体育文化活动组织管理以及居民的体育价值观念等因素的影响，大多数城镇社区体育运动项目比较单一，大部分居民都会选择一些不花钱或花钱少的体育场、学校、公园、生活小区的空地、田间小道等场所进行锻炼，他们选择的体育运动项目主要是被我国医学证实具有健身、防病治病的地方传统体育运动项目以及那些对场地器材要求不高、技术简单易学、运动负荷易于控制、具有一定娱乐性的现代运动项目。小城镇社区居民对社区体育运动项目的选择也与居民的年龄、性别及受教育程度等有关。例如，青少年喜欢进行篮球、羽毛球、乒乓球等在学校从事过或教师教授过的竞技运动项目；而老年人在体育运动项目的选择上首选散步与跑步。值得注意的是，城市社区中普遍开展的拳操类、气功类、舞蹈类等适合中老年及妇女群体参加的项目，但在小城镇社区体育中尚未普及。

与城市社区体育相比，小城镇社区体育组织体系发展尚不健全，城镇社区发起的有组织的社区体育活动没有城市社区多。而城镇社区居民参加体育活动的主要形式是以个人锻炼以及与朋友、同事或家人一起等自由组合与自发的形式为主。由于小城镇社区中大多数居民没有养成长期坚持体育锻炼的习惯，因而个人独自锻炼的人数要远远少于与朋友、同事或家人结伴进行锻炼的人数。

三　小城镇社区体育活动的影响因素

影响小城镇社区体育活动的因素，可分为主观因素和客观因素，具体内容如下：

（一）主观因素

1. 文化程度

改革开放以来，特别是近几十年来，培养学生的"终身体育"价值观是我国学校体育教育的重点内容。根据相关调查研究表明，人们参与体育的动机与其文化程度有着密切的关系，受高等教育者参与体育的程度最高，中等受教育者次之，初等受教育者高于半文盲和文盲（表5-4）。文化程度是影响小城镇居民参与社区体育活动的重要因素之一。

表5-4　　　　　　　　我国体育人口与人口文化构成比较

文化程度	体育人口文化构成/（%）	我国人口文化构成/（%）	比值
高等	11.87	2.80	4.24
中等	70.70	48.80	1.45
初等	12.32	35.30	0.35
文盲、半文盲	5.11	13.00	0.39

在小城镇社区中，居民较低的文化程度不仅在一定程度上会对小城镇非农化的发展以及现代化水平的进一步提高产生影响，而且会直接影响小城镇居民的体育观和体育健身活动的广度和深度，从而成为制约小城镇社区体育发展的"瓶颈"。即使在那些经常参加体育锻炼的居民中，很多人也仅仅只是把体育当作一种健身的手段。针对小城镇居民文化程度较低且短期内不可能大幅度提高的现实，城镇体育行政部门和民间体育组织必须扩大宣传，使人们认识到体育运动不仅具有健身价值，更重要的是它的文化、教育、休闲娱乐、自我实现等方面的价值，使人们逐渐将体育作为生活的重要组成部分，而不仅仅只是一种健身手段。

2. 余暇时间

随着我国现代经济的快速发展和科学技术的进步，非农化、机械化、自动化使人们节省了大量的劳动时间，余暇时间增多，家庭电气化使城镇居民免去了相当部分的繁杂家务，人们可自由支配的时间增多。根据有关研究，我国目前城市居民工作时间平均每天5小时37分钟，家务时间在1.5小时以上者占76.0%，2小时以上者占56.0%，3小时以上者占38.2%。与城市居民相比，由于城镇工业化、家务劳动电气化程度等低于城市，城镇居民的生产劳动时间和家务劳动的时间显然更长，而且由于受体育价值观的影响，城镇居民余暇时间中用于从事体育活动的比例也低于城市居民。例如，在城镇居民中，城镇民营业主是其中收入较高的群体，但根据调查研究表明，这部分群体"不参加"或"从不参加"体育健身活动的比例最高，究其原因主要是没时间。

3. 收入水平

小城镇居民个人收入水平的不同也是影响城镇居民参与体育和健身锻炼的重要因素之一。据相关研究可知，非农化和经济发展与城镇居民体育和健身锻炼的关系并非完全呈直接关系或相关关系，而是呈现一种倒"U"形关系，即随着社会生产力的发展，农村和城镇经济发展到一定程度，居民收入达到一定水平时，体育和健身锻炼曲线便会出现下降趋势，而追求更多的经济收入、提高家庭生活质量成为居民第一需要，健身和健康的重要性下降。只有当城镇居民经济收入水平更进一步提高时，人们方能自觉或不自觉地体会到如果缺乏健康的身体，就算有了比较富裕的生活也无法完全和充分享受，只有在具备了健康身体的基础上，财富才能源源不断地被创造出来，生活质量才能真正提高。此时，人们又转而追求健康，重新把健康放在第一位。

（二）客观因素

1. 经济发展水平

随着我国城镇化进程的推进，我国小城镇发展非常迅速。但就目前来看，我国大多数城镇处于城镇化的起始阶段，规模较小，经济实力较弱，尤其是近年来随着我国产业结构的升级和调整，原来一些工业基础雄厚的城镇也普遍出现了经济衰退的现象，从而制约了小城镇社区的发展。

我国各地区的小城镇经济发展水平也存在较大差异，即使在同一个省甚至同一个地区也有很大差别。各个城镇之间存在的经济发展水平的差距对小城镇的体育有着相当大的影响，在一定程度上制约着城镇社区体育的发展。例如，苏南小城镇较高的经济发展水平，为当地拥有较多和较高质量的体育设施奠定了基础，体育和健身设施建设已成为苏南小城镇建设中不可缺少的一部分，这些地区的居民已经或者即将拥有过去只有城市居民才能享有的体育和健身的权利，体育和健身活动也成为许多苏南小城镇居民生活中的重要组成部分。与此同时，根据对山西小城镇体育设施完善程度的抽样调查来看，调查结果却不容乐观，只有2.2%的小城镇体育设施完善，17.6%的小城镇处于体育设施较完善状态，33.5%的小城镇体育设施处于一般状态，46.7%的小城镇体育设施处于不完善或很不完善的状态。

2. 体育发展规划

在我国现阶段，以物质文化环境规划为主的蓝图规划仍然是我国城镇规划的主题，规划内容以城镇的物质实体环境建设为重点，加上城镇的经济实力所限，对基础设施的投入普遍不足，加之多年来我国建设投资向城市倾斜，城镇基础设施建设先天不足，造成了诸多问题，如排水不畅、供水不足、用电是农网、通信是农话等问题，严重制约了城镇社会经济的发展。此外，由于受思维观念、价值取向和素质、素养的限制，有些城镇虽然经济得到了发展，但包括体育在内的各项社会事业并不一定能得到相应的发展。在城镇建设发展过程中缺乏体育方面的规划和内容是我国现阶段城镇体育发展所面临的最重要的问题，这些问题主要涉及缺乏城镇体育发展的相关法规政策、忽视体育基本设施建设、城市体育文化生活缺乏组织与管理等。很多城镇在建设和发展过程中，注重基本生活设施建设，而忽视体育基础设施的建设；有些地方体育设施的运营和管理与城镇发展处于失衡状态。

在我国目前的城镇体制下，城镇领导的价值取向、水平和爱好也在一定程度上对城市体育的发展产生影响。随着《全民健身计划纲要》《全民健身一二一工程》《关于加强城市社区体育的意见》《城市公共体育运动设施用地定额指标暂行规定》等法规、文件的制定和颁布实施，充分说明我国立法机关、政府有关部门已充分认识到了社区体育在我国社会体育发展中的重要作用。但由于种种原因导致这些法规、文件在很多地方并没有得到很好的贯彻和实施。很多体育行政部门的精力主要放在竞技运动上，对社区体育的重视程度不够，在人力分配、资金投入等方面比例过小。因此，提高地方政府部门、体育行政部门对社区体育的认识，加大对社区体育的人力、资金等投入，对开展城镇社区体育十分必要。

　　3. 社会环境和传统习惯

　　人们除了根据个人观念和个人需要来参与体育健身活动外，人们参与体育健身活动还取决于社会环境的容纳程度及其所能提供的保障条件，如宣传体育知识、推广体育锻炼方法、健全体育法规政策、在居民区建设体育场地设施、建设社区体育指导员队伍、开放公共体育场馆等。总的来说，除了一些比较富裕的城镇外，我国大部分城镇开展社区体育活动的社会环境不够理想，体育法规政策不健全，社区体育指导员和社区体育场地设施严重匮乏，居民缺乏体育锻炼的知识和方法。刘志民曾对我国江苏、上海、江西、广西和陕西 5 省 16 个小城镇体育进行研究，其研究结果表明，居民对体育设施满意和比较满意的仅为 27%，不满意的占 70.5%，38.3% 的人认为是场地缺乏导致无法进行自己喜欢的体育健身锻炼；16 个小城镇甚至只有 1 名专职指导员，业余指导员的数量也极为有限。要改善城镇社区体育活动的社会环境，城镇政府扮演着重要角色，起着非常重要的作用。因此城镇政府应该制定与城镇经济和社会发展相平衡的体育发展规划，来保证城镇社区居民切实享有体育和健身的权利。

　　此外，城镇的地方传统与习惯也对城镇居民参与体育健身活动产生重要的影响。有些城镇有着较长的体育健身和体育比赛历史，在中小学中有很多传统运动项目学校，每年都会举办各种职工和居民体育比赛，有着良好的体育健身锻炼氛围和环境，居民喜爱体育和健身活动，热衷于体育和健身活动，并支持和鼓励孩子参加体育运动和竞技比赛。以上这些都对城镇社区体育活动的开展产生重要的影响。但大多数城镇仍处于城镇化的起始阶段，社区正处于分化——整合的剧烈变动中，大量的社区成员的社会关系、生活方式、价值观念更接近于农村，一些不适应或阻碍发展和进步的旧的社会关系、生活方式和价值观念因素的存在也阻碍了城镇社区体育的开展。

　　四　小城镇社区体育的组织管理体系

　　随着小城镇经济的快速发展，城镇居民生活水平和文化教育程度的提高，越来越多的人认识到体育除了强身健体之外，在改善生活方式、提高生活质量方面具有非常重要的意义，人们以地缘关系，自发、自愿集结成体育社团进行活动。但由于目前城镇社区体育社团较少，体育社会化程度低，因此，城镇社区体育活动的开展仍以行政手段为主要特征，更多的是以基层政府为核心网络化的组织管理。以下对城镇社区体育组织的种类和职能分工进行简单介绍，从而引导城镇社区体育健康、快速、持续、稳定地发展。

（一）小城镇社区体育组织的种类

小城镇社区体育组织主要包括体育行政组织（文体站或其他部门监管）、各种体育协会、自发体育组织（晨晚练点）三种。

（二）各类社区体育组织的职能分工

1. 体育行政组织

小城镇体育行政组织主要是指镇体委和镇文化站。小城镇社区体育工作一般是由镇体委或镇文化站行使政府的行政管理职能，或由镇其他部门监管，主要职能是对全镇的体育工作进行规划、组织。例如，年初制订体育工作计划和体育经费预算等；组织体育比赛和组队参加上级体育比赛；进行全民健身宣传；协调各体育协会的工作，并协助各体育协会管理经常性体育活动；负责同上级体育行政组织联系，接受上级行政组织的考核等。

2. 各种体育协会

小城镇体育协会一般设有镇农民体协、老年体协和各单项体协，一般由镇领导、企业负责人或体育爱好者作为负责人，分别负责农民、老年人和各单项体育活动，协助文体站管理经常性的体育活动；以开展经常性体育服务、活动为主，是政府体育行政组织与居民间的中介；协调社区体育组织之间的关系；培育社区体育组织；具体负责社区大规模体育活动。

3. 自发社区体育组织——晨晚练活动点

晨晚练活动点一般是由有体育特长者领导或锻炼者自发组成的社区体育组织，主要职能是带领社区居民从事日常性的社区体育活动。各个晨晚练活动点一般无规章制度，来参加锻炼的人完全以自愿为原则，锻炼计划、锻炼时间、锻炼方式等方面，由参与者共同协商决定，管理较松散。

五　小城镇社区体育的发展趋势

小城镇社区体育的发展趋势主要表现为以下几个方面：

（一）小城镇居民体育观念和体育意识增强

目前，在参加体育健身活动的小城镇居民中，大多数人只是把体育当

作一种健身的手段，我国城镇社区居民的这种体育价值观还会在一定时间
内存在。另外，从锻炼频率和锻炼持续时间来看，我国小城镇居民与国际
国内体育人口的规定还有一定的差距。但随着我国城镇化进程的推进，政
府越来越重视小城镇建设，小城镇社会经济得到快速发展，工农业生产自
动化、机械化和电器化程度提高，这些使得城镇居民从繁重的体力劳动中
解放出来，加上双休日的实施，人们的闲暇时间增多。同时，小城镇社会
经济的快速发展，城镇居民的收入和物质生活水平也随之有了极大的提
高，享受观念在人们头脑中逐渐形成。此外，再加上文化教育的普及和高
等教育的大众化以及大中城市社区体育的辐射和影响，城镇居民的体育价
值观将发生重大改变，逐渐认识到体育运动不仅具有健身价值，更重要的
是它的文化、教育、休闲娱乐、自我实现等方面的价值，逐渐将体育作为
生活的重要内容，而不仅仅是一种健身手段。

（二）小城镇体育社会化进程加快

城镇化建设是我国全面推进城市化进程中的一个重要方面，随着我国
越来越重视城镇建设，城乡一体化进程的加快，使城镇经济发展到一个新
的阶段。这也使得城镇居民个人的经济状况、体育价值观念、思维方式和
行为方式产生变化，并由此影响着城镇对体育事业的经费投入、体育场地
设施建设以及人们的体育消费水平。小城镇社会经济的发展使小城镇社区
体育社会化进程加快。

城镇化进程的加快，也会对体育社会化进程产生影响，随着小城镇非
农化、工业化、机械化的发展和人口的集中，城镇规模逐渐扩大，城镇居
民对体育的需求日益增长，参加体育健身锻炼的人口规模逐渐扩大，这些
参加体育锻炼的人们有机地联系起来，城镇社区体育将以集中、自觉、大
规模的形式而存在，使体育社会化速度加快。另外，在以城市为主体的现
代文明和生活方式的冲击和吸引下，城镇居民开始模仿、学习和消化城市
文明、现代文化的积极性明显提高，城镇居民也逐渐接受城市先进的体育
价值观念，从而使城镇体育社会化进程超前发展的情况成为可能。

目前，我国小城镇社区体育存在的形式仍以分散的、自发的、小规模
的状态为主，城镇社区仍开展以行政手段为主要特征的体育活动，对基层
政府过分依赖，体育社会化程度较低。而对于以追求内在发展和持续发展
为目标的社区体育来说，政府过多的参与是非常不合理的。在体育社会化
进程中，政府的作用应该是倡导、动员、给予一定的经济和政策支持、监

督、评价和经验推广，广泛动员专业机构、专业社团、社区自治组织及社区居民参与社区体育与文化活动建设，用政策去促进社区体育资源的聚集和社区体育的可持续发展。另外，社会化是小城镇社区体育持续发展的根本保证。政府要动员社区内的居民、机关团体、学校和企事业单位等一切力量广泛参与社区体育资源的开发，使社区力量得到最大限度的整合，实现社区体育资源的共建、共有、共享，形成以社会集资为主，以政府资助为辅，民办官助、民办民助、法人投资相结合的发展途径。因此，要坚持社区需求本位原则，以服务社区内所有成员作为社区体育资源开发的根本出发点和归宿，一切从群众需要出发，把解决社区居民普遍关心的热点、难点作为社区体育资源开发的重点，调动城镇社区居民广泛参与的积极性。

（三）小城镇社区体育活动内容和形式更加丰富多样

目前，在校学生是我国参加体育活动的主要群体，其次是科、教、文、卫人员以及政府机关工作人员。因此，我国社区体育活动内容多以青少年喜欢进行的、在学校从事过或教师教过的竞技运动项目为主，如篮球、羽毛球、乒乓球等。除了在一些经济相对较为发达的城镇，社区居民可以进行跳舞、保龄球、高尔夫、斯诺克等少数收费较高项目的锻炼外，大多数社区体育运动项目比较单一，很难满足社区居民正在增长的多样化需求，城市中普遍开展的拳操类、气功类、舞蹈类等适合中老年及妇女群体参加的项目在绝大多数城镇社区开展较少。因此，社区体育服务人员只有改变目前社区体育活动项目单一的状况，开发更多的运动项目，丰富体育活动的内容，才能吸引更多的社区居民参加社区体育活动。

由于年龄、性别、职业与社会角色的不同，小城镇社区居民对体育有着不同的需求。为了满足城镇社区居民不同的体育需求，提高社区体育活动参与率，因此，必须使社区体育活动内容更加丰富多彩。对城镇社区体育运动项目进行开发，可采用以下几种方法：

（1）对社区现有的体育运动项目进行改造。改造现有的社区体育运动项目主要是指简化规则、简化技术、降低动作难度、改造运动器材等，从而使各种体育运动项目适应社区居民的需求，对不同的参与者提出不同的要求，这是社区体育与学校体育、竞技体育相区别的一个显著特征。

（2）引进新兴的运动项目。根据社区的具体情况，可将现代比较流行的健美操、现代舞、门球、软式排球、健身健美等新兴运动项目引入社区，吸引更多的社区居民参与，提高社区体育参与率，满足社区居民的体育需求。

（3）开发民族、民间传统体育运动项目。农村是我国民族传统体育文化的发源地。而城镇地处城市与农村的连接处，很多城镇居民来自农村，因而，城镇有开展民族传统体育的天然优势。社区体育工作者应根据社区实际情况，大力开发和利用宝贵的民族、民间传统体育资源，如藏族的歌舞、朝鲜族的荡秋千、蒙古族的摔跤、维吾尔族的舞蹈、白族的跳山羊等。而且民族传统体育项目对场地的要求较低，不需要很多费用，社区居民不需要很高的技能和很长时间就能学会具有较多乐趣的运动，因此，民族传统体育项目很适合在社区体育中开展。

（4）开发户外运动项目。户外运动是通过利用森林、湖泊、水库、山地、海滩等自然资源，开展野营、攀岩、登山、滑雪、钓鱼、冲浪、划船、游泳等各种体育活动，它所具有的独特的休闲性正是人们对新生活的追求。就这一方面来讲，地处农村和城市连接处的城镇有着得天独厚的优势。户外运动所强调的利用森林、山地、湖泊、水库、海滩等自然资源开展各种体育活动，不仅缓解了目前我国城镇社区体育场地设施不足的状况，而且也满足了人们回归自然、增加户外运动机会的愿望。

现阶段，我国城镇社区体育组织体系发展不够健全，城镇社区居民参加体育活动主要以个人锻炼和与朋友、同事或家人一起等自由组合与自发的形式为主，而参加单位、社区、辅导站、俱乐部等由社区体育组织发起的有组织的体育活动不如城市多。随着我国体育社会化程度的逐渐提高，城镇社区体育组织的逐步健全，城镇社区体育活动的组织性逐渐增强，有组织的体育活动将逐渐增多，社区体育将向稳定、有序的方向发展。

（四）小城镇社区体育组织更加多元化、多层次

由于我国目前城镇社区体育社会化程度较低，因此，城镇社区开展体育活动仍以行政手段为主要特征，对基层政府有着过多的依赖，而民间体育社团、经营性体育场所和晨晚练点等社区体育组织较少，部分城镇社区体育基本处于无人组织与管理的状态。虽然有些城镇设立了文化站，并配备体育专职干部，但由于城镇社区居民众多，并有着多样化的需求，仅仅依靠城镇极少数的体育专职人员指导开展社区体育活动，是不现实的。各城镇应继续发挥政府行政主导的优势，引导小城镇体育爱好者成立体育社团，形成晨晚练点以进行经常性的体育活动。

随着我国城镇社会经济的发展，城镇社区居民生活水平提高，余暇时间增多，体育健身意识也随之增强，社区体育社会化程度的提高，城镇社区体育组织将向多元化、多层次的方向发展。目前，由于商业经营型的体育组织收费较高，一段时间内只有部分较高收入阶层的群体才能承担，因此，应大力发展公益型的民间社区体育组织，以适应城镇社区体育发展的需要，促进社区体育的进一步发展。同时，在建立民间社区体育组织方面，政府应积极地给予经济和政策支持，帮助建立民间社区体育组织，并扶持其发展，制定相关的政策，为民间体育组织的发展提供良好的社会环境。

（五）小城镇社区体育骨干队伍壮大

在任何一个领域，专业人才的力量是不容忽视的，它决定着该领域的成熟度和发展质量。同样，我国城镇社区体育的发展需要一批高水平的体育骨干队伍。目前，我国经济比较发达的地区和富裕的乡镇都已建立体育辅导站、活动站，并配备专职或兼职的辅导员，这对我国城镇社区体育的发展有着重要的促进作用。根据相关研究认为，在我国农村地区，至少应配备社会体育指导员 45484 人，但实际情况却相差甚远，社会体育指导员匮乏的同时，业余指导员的数量也极为有限，城镇社区体育基本处于无人组织与管理的状态。即使在有社会体育指导员的城镇，这些人大都是体育教师，从事的是体育教学工作，没有从事社区体育指导员工作。在城镇社区居民众多，又有着多样化需求的情况下，仅靠城镇极少数的体育专职人员或社会体育指导员开展社区体育指导活动，无法满足城镇社区居民的体育需求。同时，由于城镇居民文化教育程度较低，需要有人进行指导锻炼的人口占有相当大的比例。总的来说，指导力量的缺乏成为制约我国城镇社区体育发展的重要因素之一。

近年来，随着我国体育高等教育规模的扩大和专业设置的调整，以及城市对体育专业人才需求的减少，将会有更多的体育专业人才走进城镇和农村。另外，社会体育的迅猛发展也将促使小城镇的体育教师、有体育特长的人员积极获取社区体育指导员资格，因此，小城镇社区体育骨干队伍将会逐渐壮大。

（六）小城镇社区体育场地设施建设越来越受到重视

体育场地设施是社区居民进行体育活动的空间条件，是现代社会文明和一个地区体育发展水平的主要标志。现阶段，我国社区缺乏体育场地设施是一个普遍性的事实，城镇社区更是如此。在短期内增建大量体育设施是非常不现实的，在这种情况下，如何开发和改造现有的一切可以利用的场地设施资源，是解决社区体育场地设施严重短缺的根本途径。通过积极调动和发挥社区居民、机关团体、学校和企事业单位参与社区体育场地设施建设，形成多元化的融资渠道，实现全员、全程、全方位体育的一体化。其中，全员是指社区内的全体居民，不论性别、年龄、职业等，所有人都参加社区体育；全程是指人整个的生长过程，从胎儿、婴儿、学前儿童到青年人、中年人、老年人的人生全过程，均能从社区体育中获得收益；全方位是指社区内的机关团体、学校、企事业单位都关心体育，为开展社区体育提供方便条件。

21 世纪是我国大众体育快速发展和普及的时代。由于城镇处于城市和农村的连接处，是城市和农村的桥梁和枢纽，因此，城镇的集聚和辐射作用对周围的农村有着强烈的影响。从某种层面上来看，小城镇社区体育不仅关系到城镇居民的体质问题，还关系到我国广大农村人口体质的强弱，也就是说，小城镇社区体育的发展有助于增强城镇周围农村人口体质。目前，在我国社区体育场地设施供给严重不足的情况下，随着我国社区体育人口的增加，这种状况会进一步加剧。体育界应通过各种宣传媒体、会议、专题报告等各种途径来提高地方政府部门的认识，使他们意识到社区体育属于公共福利事业，政府部门有义务着手进行社区体育场地设施的规划和建设，否则日后将会造成社区体育场地设施与社区发展严重失调的局面，从而使小城镇政府提高对城镇社区体育场地设施建设的重视程度。

第六章

现代新型社区体育的项目开发与创新研究

社区已经成为现代我国人民以聚居区为区域划分的一个行政单位，在此范围内开展的体育活动称之为"社区体育"。随着我国大力倡导全民健身运动，社区体育已经成为大众体育中的重要组成部分，它几乎围绕在每个人的身边。为了适应时代的发展，社区体育的项目也要与时俱进地不断开发和创新，以此来满足社区居民体育参与的需要。因此，本章主要从社区体育项目开发与创新的基本理论、创新条件和相应对策入手，对这一问题进行细致的分析。

第一节　社区体育项目开发与创新的基本理论

一　社区体育项目开发与创新的概念

为了更好地研究社区体育项目开发与创新的相关问题，首先就要明确这一概念。为此首先阅览了许多学者对这一问题的研究，如李鹏程在《对苏北地区城市社区体育项目开发的研究》一文中将"社区体育项目"界定为是属于社区体育资源中非物质资源部分的体育项目资源中的分支，是作用于运动主体与运动客体之间的联系纽带①；龚发超则在其《健身健美操项目创新之研究》中将"体育运动项目创新"定义为随着人类社会的发展和不同人群对体育运动实践需要的变化，创造出新的体育运动活动方式，或者说拓展了原有体育运动活动方式的范围，并为同类体育运动项目的繁荣引领出一个新的方向②。

---

① 李鹏程：《对苏北地区城市社区体育项目开发的研究》，河北师范大学，2007 年。
② 龚发超：《健身健美操项目创新之研究》，首都体育学院，2008 年。

因此，通过研究以往相关学者对该领域的研究以及亲自体会和分析，总结出社区体育项目开发与创新是指以跟随体育运动发展为方法，以满足人们日益增加的体育健身需求为核心的创造性社区体育项目发展过程。

从这一定义中可以知道，社区体育项目开发与创新的受益者是广大社区居民，居民是社区体育的唯一受众。由此可知这种项目创新所涵盖的内容较为丰富，它除了使社区体育运动项目进行开发与创新，还包括对创新后产生的新型体育运动的推广、宣传和传播。

二　社区体育项目开发与创新的分类

开发是一个从无到有的过程，而创新则是在已经拥有的基础上对原有事物的一种再开发和再完善，以此使其相较过往更加富有效率，产生更佳的效果。因此，从这两个方面来看社区体育项目的开发与创新就会更加清晰一些，而这也有利于研究其分类问题。

通过上述分类方法，将其引入到社区体育项目开发与创新领域，实际上就是对尚不存在的体育项目予以引进，同时还要对已有的体育项目进行优化整合，使其利用率提高或数目增加，此外还可以是对外来体育文化进行本土化的改造使之"为我所用"地成为我国社区体育项目中的一部分。这三种方式想要达到的目的就是将原有的社区体育项目的平衡状态打破，融入新内容后最终获得新的平衡，如此往复，不断发展，以利用、变换和整合体育规则的方式开发社区体育项目，满足不同性别、不同年龄与不同文化层次人群的体育健身需求，社区居民运用这一理论为指导，随时对体育项目资源中的任何一个项目进行开发并利用于健身娱乐之中。①

因此，根据上述论述，基本可以将社区体育项目开发与创新的方式分为创造型、改造型和引进型三种。

（一）创造型项目

创造型项目，是指人类在社会发展的进程中或不同人群对体育运动实践需要的变化中，创造出一种全新的体育活动方式。需要特别说明的是，创造型项目并不一定是完全的凭空创造，许多创造依旧不会真的完全脱离既有体育文化成果，尽管这与后面要讲到的改造型项目有些类似的地方，

---

① 李鹏程、刘建国：《社区体育项目开发理论体系的构建》，《山西师大体育学院学报》2008年第3期。

但为了便于理解，可以认为创造型项目的创造成分更多，而改造型项目中原有项目的成分更多。相比之下，创造型项目是在原有项目的基础上提出了完全不同的运动理论和思想。相比较而言，它的程度最深、难度也最大、影响也最深远，但是往往也是最稀缺的。为此，选取了上海复旦大学教师创造的"手杖操"为例。这种新型的运动就属于创造型项目，通过实践也证明了这项运动的实用性，经推广后不久便得到了广大社区居民的喜爱。

（1）手杖操产生的背景。经过对社区体育的研究发现，老年人是当前我国社区体育活动的主要参与人群，而且在目前我国开始进入老龄化社会后，这种势头将会延续较长一段时间。之所以老年人成为社区体育活动的主体，不仅因为他们拥有更多的闲暇时间，还与他们在现代健康理念的影响下更加注重自身健康有关，如现代电视中播放的养生健康类节目，中老年人群也是主要的收视群体。因此，关注老年人的健康问题，提升老年人的生活质量，是构建和谐社会所面临的重要问题。然而实际并非与理想保持一致，与我国进入老年社会不符的是，我国的老年体育，尤其是老年男性体育的发展，很难适应他们日益增长的需求。可供老年人尤其是老年男性选择的项目并不多。大多数的拳操类的项目动作都比较阴柔，比较适合女性，而展现出阳刚之气的适合男性的拳操类的项目不多，即便存在，其运动的强度和负荷也未必适合中老年人群参与。正是认识到这一缺陷，上海复旦大学体育部的刘建教授才有针对性地创编了手杖健身操，从推广以来，深受社区居民的欢迎。尽管这种手杖操的创造是以满足中老年人群为主要目标，但这也并不意味着年轻人就不能参与。年轻人参与这项新型社区体育项目也可以从中获益，如通过运动负荷不大的手杖操可以在闲暇之余获得积极性的休息，转换大脑思维，增加身体代谢活动，长期坚持参与必将会给日常生活增添更多益处和色彩。

（2）手杖操的动作创新。手杖操在动作创编上与我国传统的广播体操有些类似的地方，如操的锻炼程序均为从上到下，从肢体的远端到近端、从缓慢到快速，最终的整理活动再由快速到缓慢等。这是两者的相同点，此外，考虑到受众群体的不同，在创造手杖操时还对其中的一些动作做出改良，如针对老年人的年龄特征和身体状况，在动作的强度和难度安排上有着细致的考量，主要表现为手杖操的创编动作内几乎没有跳跃的动作。除此之外，出于安全性的考虑，手杖操中的动作简单易学，不以追求动作的复杂性来展现操类创编的水平。此外，在动作的表现力上力求积极向上、朝气蓬勃。最后，手杖操与一般的健身体操不同的地方还在于其手杖器材的应用。

手杖健身操作为体育健身的一个项目，严格遵循了体育健身的原则和方法。整套动作无不表现出一种积极向上的健康意境。

（3）手杖操的道具创新。手杖操中的器材——手杖是这套健身操区别于其他操类的显著特点，手杖作为手杖操的道具，它具有多种功能。一方面，它具有拐杖的功能，主要用来在操类运动进行时起到支撑身体、保持平衡的作用；另一方面，它还能充当一个装饰品的作用，这主要是因为这种操类既可以是一种健身运动，也可以被看作为一种艺术表现，操中的手杖被用来美化个人的形象或表现身份地位。

之所以选择手杖与上海当地的习俗有关。在很长一段时间内，手杖又被称为"文明棍"，是旧时一些身份尊贵的人士的象征。这个传统至今仍旧被人们记得，对于老年人而言手持"文明棍"更显得有风度，这样符合老年男性的身心特点。而且一支普通的手杖只要几块钱，对于一般的收入不高的老年人来说也能消费得起，买来拿在手中既可以在运动中保护身体，还可以作为艺术表现力的表达工具和装饰品。

（4）手杖操的音乐创新。手杖操是一种需要在音乐伴奏下进行的操类运动，音乐的加入使得本来具有十足健身性的运动融入了更多的艺术性元素。为此，手杖操的创编者尽心尽力地配编了最为恰当的音乐。由于手杖操的受众群体和主要功效与瑜伽、太极拳等不同，因此对于操的配乐就要重新进行考量，音乐过于舒缓和亢奋都是不恰当的。最终通过筛选和配比，采用了一些节奏明显、步点韵律感十足的音乐。满足这两点即可，而没有要求音乐的类型，因此，手杖操的音乐既可以是民族的，也可以是流行的，甚至是一些知名的舞曲等。总之，只要是符合老年人，积极向上的音乐都可以加以运用。

（二）改造型项目

在上一级标题的引文中就曾分析了创造与改造的区别。创造更加强调一种从无到有的产生，而改造只是在原有事物的基础上加以修改或变更，使其适合多领域的需要。改造型项目，是指在继承和吸取既得体育项目成果的基础上，积极吸收、融合外来的优秀文化，使二者充分结合后产生出新的实践经验，从而创造出具有时代特色和满足特定群体需要的新型体育项目。

　　不可否认的是，创造是一种创新，而改造也是一种创新，且是最常见、最重要的一种创新方法。原本拥有的体育健身项目之所以看似不能满足现代人们健身的需求，其问题并不在运动项目本身，而在于处于不断变化的人的需求。因此，为满足这些需求，就要对相对稳定的运动项目加以适当的改变，使之"现代化""实用化"，甚至是"流行化"，如在上海地区深受居民喜爱的社区体育项目海派秧歌，它的产生和发展就是这类项目创新的典型。

　　（1）海派秧歌产生的原因。在各类社区体育项目中，秧歌运动一直占有相当重要的地位，秧歌运动在我国有着非常深厚的群众基础。在2000年由国家体育总局社会体育指导中心推出了我国第一套适合中老年人锻炼和比赛的健身秧歌。在这样的背景下，结合上海这座国际化大都市，中西文化的交汇，古今文化的融合，形成了颇具特色的海派文化，上海浦东新区陆家嘴街道自发创建了别具一格的秧歌健身项目——海派秧歌。之所以要对传统的秧歌进行改造是因为传统的秧歌源自于北方，体现了当地的地方特色，动作幅度较大，音乐以唢呐为主。如果全盘照抄的话，开展后可能会遭遇"水土不服"的现象，所以必须在动作、音乐、服装道具上加以改造，融入上海自身的海派特色，这样秧歌运动才有可能在上海地区成功开展。

　　（2）海派秧歌的动作创新。在动作的创编方面，既吸取了现有的北方秧歌的特长精华，又增加了江南的婉约秀丽，还兼收了海外的别样风情。在动作的设计上兼顾了人体生理结构的特征，尽可能符合生命活动的规律，在生理功能反应、呼吸及调节、关节活动及神经控制等方面尽量做到科学性和规范性，从而达到科学健身的目的。此外，结合上海大都市生活节奏快、工作压力大、居民有休闲娱乐放松的需求，海派秧歌还是保留了传统秧歌标志性的步伐和手势，即扭十字花步和双臂交替上举呈顺风旗手势，使得整个舞蹈动作具备舒缓筋骨和抒发感情的功效。在传统的"走、摆、扭"的基础上，大胆地吸收借鉴其他民族舞蹈的精华，引用西方优秀的舞蹈元素，加入了拉丁、恰恰、斗牛的舞步。整个动作体现出了中西合璧、南北兼容、刚柔相济的特点。

　　（3）海派秧歌的音乐创新。传统的秧歌配乐，虽然实用简单，但是已难以跟上城市居民的需求。海派秧歌在传统秧歌音乐的基础上以"茉莉花""太湖美""紫竹调"等江南名曲为基调主题，既区别于传统的秧歌，又凸显了"海派"的特色，辅以交响手段来取得更为新颖、丰富、立体的音响效果，整个音乐创作无不体现作者渊博的专业知识和积极的创新精神。① 其中既有最具民族特色的抒情委婉的二胡独奏，又有优雅高贵的弦乐发挥，还有中国锣鼓与铿锵有力的爵士鼓。独具一格的音乐带有了江南风格、海派文化的特点。正是由于优美的音乐的创编，才使海派秧歌脱离了传统秧歌的乡土气息，与现代大都市的气质相吻合，吸引了更多的参与者。

（4）海派秧歌服装道具的创新。海派秧歌在服装和道具方面也进行了大胆的革新。海派秧歌的服装尝试采用民族和西洋结合的式样和色调，比如喇叭加中袖等，深受居民的喜爱。在道具的使用上尽管沿用了扇子和手绢，但是却根据舞蹈动作的需要，进行适当的放大和加长。而且道具易做好买，也不必顾虑花太多的钱，比较容易让人接受，这样更有利于项目的推广和普及。

（三）引进型项目

引进主要是将原本没有的事物从他国引入，此后便开始发展的行为。纵观我国的现代体育，几乎所有所熟知的运动项目都引进自西方现代竞技体育。引进型项目，是指吸收、采纳外来体育项目中相对比较成熟内容的主要部分，在引入后还会在原基础上与本国或地区的特点和民族特色进行适当融合和改进，使之达到能够更好地适合本地居民进行运动的一种创新。

与前两种创新方法相比，引进型项目在创新的难度上是最小的，也是最为可行，且形成实用周期最短的一种。这是由于在引进前，该运动项目就已经是一项完整的、系统的项目，它甚至还会伴随有自己的运动文化，可谓发展较为成熟。引入后，可以直接照搬使用或者只需要经过必要的改进便可使用。但是，国外运动项目种类较多、形式各异，如何选择到符合本国群众需求的运动项目，就需要相关人员具有较强的专业知识和对市场与社区有着较为深刻的了解和认识。在确定引进项目前，还要抱着辩证的态度，仔细的甄别，联系具体的实际情况。

高尔夫球运动是公认的高雅运动，通过引进这项运动并与我国国情相

---

① 李先国、孙麒麟等：《论海派秧歌》，《体育文化导刊》2010 年第 2 期。

结合后，形成了一种新型的引进型项目——场地高尔夫球。

（1）场地高尔夫球产生的原因。场地高尔夫球，顾名思义其是以传统的高尔夫球运动为基础进行适当演变后形成的新型运动。它的运动方法与传统高尔夫球类似，均是以使用球杆击打球到指定地点为目标，最终通过计算击打数来争夺名次的竞技项目。该项运动起源于日本，在日本和东亚地区都得到了广泛的开展，日本是一个非常善于改变某项体育运动从而使之适合广大民众用作娱乐健身目的的国家，软式排球和超大球乒乓球就是他们的创造。场地高尔夫球运动于 1997 年传入上海，并由知名专家在第 8 届全国运动会上对这项运动做了专门介绍。1998 年举办了中日场地高尔夫球的比赛。

场地高尔夫球之所以被引进，主要是因为该项目是一项集现代、绿色、休闲、健身于一身的全面性运动。与传统高尔夫球运动不同的是，场地高尔夫球运动对场地的要求并不高，且动作简单易学，男女皆可、老少皆宜，运动量可以随意控制，可单人参与也可多人共同参与。经常参加场地高尔夫球运动的人能够被培养出良好的集中力、协调性，这些特点尤其适合老年人参与。在拥有这些优势时，基本确定了场地高尔夫球在社区开展的可行性。另外，场地高尔夫球的球杆、球等器材与传统高尔夫球相比做了更多的简化，被简化的器材的价格更加平易近人，几乎一般大众都可以接受。场地高尔夫对于比赛的场地也没有特殊要求，可以在自然环境中进行，也可在人工场地进行，且运动规则简单，组织活动便利。目前在社区体育项目中由于受到场地设施等一些客观条件的制约，球类的运动项目还较少，所以引进场地高尔夫球在社区是有一定的发展空间的。

（2）场地高尔夫球的特征。社区体育的主要功能在于它能锻炼社区运动参与者的身体素质和缓解心理压力。如果社区体育活动很容易在运动过程中就胜负分明，这样的活动就会缺少运动的魅力。场地高尔夫球运动在年龄、性别、体力、运动能力等客观因素对运动的结果影响，是以各球道的长度、球具、目标框的大小等来决定胜负的竞技性运动。在这种竞赛条件下，任何一个参加者经过一定的练习都有获胜的机会，这样会极大地激发更多人参与到这项运动中来。很多体育运动越是技术出众越有更多的机会参加比赛。而场地高尔夫球则相反，越是技术不熟练的初学者参加活动的机会越多。初学者为了自己而努力练习，多进行活动的过程中逐渐提高运动技术，这也是场地高尔夫球的乐趣所在。

（3）场地高尔夫球的项目特点。前面的文章中或多或少地提到了一些场地高尔夫球的项目特点，为了让人们对其特点的印象更加深刻，在这里再重申一下。

场地高尔夫球运动的特点主要为不受场地限制、准备工作便利、运动规则简单、运动方式较为自由、不需要高超的技术、每个参加者都有获胜的机会。而且场地高尔夫球从场地器材、球队礼仪、赛前准备、比赛须知等方面都有着统一的竞赛规则，这样使场地高尔夫球的比赛更规范，也更有利于规模化发展。

三　社区体育项目开发与创新的元素构成

社区体育项目开发与创新会涉及诸多方面的诸多内容，它并不是一种单一的行为，在开发与创新的初始和过程中，它都需要由众多元素构成一个系统的工程。经过研究和分析，基本可以将社区体育项目开发与创新的元素归纳为开发与创新的动机、过程和推广三个方面。具体分析如下：

（一）社区体育项目开发与创新的动机

从心理学上来讲，动机始终是人或事物向前不断发展的诱因和动力。而动机往往又是由需求决定的，需求的不同也会导致不同的动机出现，动机一般又都是需求的具体表现，两者是一种紧密联系的关系。将这个理论运用到社区体育项目开发与创新方面也是同理，也就是说，正是为了满足社区居民对体育运动健身的需要，才产生要对社区体育项目进行再开发和再创新的动机，最终促使创新行为正式启动。除满足社区居民的需求外，这种动机还包括为了扩大社区体育参与人群和社区体育项目自身发展等需求。这三种需求的具体阐述如下：

1. 满足社区居民的需求

社会在发展，时代在进步。目前，社会发展的速度飞快，人们的生活日新月异，这种发展使得人们的物质生活水平不断提高。这时的人们早已不再满足于过去仅仅是对于生存的需求了，手中拥有更多的可支配资金使得他们能够进一步提高生活质量。这一时期，人们非常渴望参加自己感兴趣的、丰富多彩的文化活动，其中，体育娱乐活动就是其中非常受欢迎的一项。信息化社会的到来，使得人们了解新事物的周期不断缩短，信息量逐渐增大，人们越发想尝试新潮的体育活动。然而与这种想法不相匹配的是现有的社区体育项目已不能满足广大人民群众不断增长的体育文化的需求，突出表现在社区组织的体育活动和运动器材单调、老旧，适用年龄段较窄，社区体育项目不能及时更新已成为了影响社区体育发展的主要因素之一。为此通过对社区居民的采访也了解到他们通常都拥有较高的社区体育活动参与热情，并且非常期望自己所居住的社区能够组织与时俱进、丰富多彩的体育活动，并能让更多的人参与其中。

2. 扩大社区体育参与人群

尽管前面的文章中曾经说到老年人是社区体育的主要参与者，但是这并不是说社区体育的组织者就可以忽略其他年龄段人群参与社区体育的热情。从社区体育的概念上看，它所针对的对象应该是所有社区居民，并没有男女老幼之分。为此，社区体育项目的发展要力争使每个居民的体育健身愿望得到最大化的实现。因此，这也就成为社区体育项目要进行长期不懈的开发与创新的动机之一。只有这样才能使不同性别、年龄、爱好、身体状况、不同阶层的社区成员都能在社区体育活动中找到自己喜欢的健身项目；才能使每个社区成员都能积极参与社区体育活动，从而调动社区内各类人群的参与积极性；才能使社区体育活动深入人心，使每个人都能在社区体育活动中获得与个人自身脑力和体力相适应的充分体现自己特长的、符合自己心愿的体育项目。

3. 社区体育项目自身发展的需求

社区体育是一种在人类现代居住模式下对应产生的产物，其本身就像一个生命体似的会随着社会的发展而成长。它需要依靠人来完成，为社区居民服务，因此，创新既是社区体育发展的生命力，同时也是社区体育项目不断适应社会生活变化与不断满足不同人群日益增长的健身需求的必然要求。

既然要创新与开发，首先要明确的就是社区体育项目不是一成不变的，它也许有稳定的开展方法，但这种稳定也只是暂时的，或是在某种条件下维持一个时期的，并不是一种真正的"死"的模式，它应该根据不同人群的需求，不同的社区特色，灵活多变。只有这样才能保证社区体育项目发展的活力。总之，社区体育项目要获得与时代相符的发展，就必须要走多元化的创新之路。

通过调查，从现代社区的实际当中来看，大多数社区对于社区体育项目的开发与创新更多的仍旧停留在理论当中，实际行动的仍旧较少。这也许与社区工作人员的工作安排和对体育运动的重要性认识有关，或者也与相关管理人员的管理理念有关。实际上，这种创新与开发并不算复杂。按目的性，社区体育项目大体可分为竞技类健身项目、娱乐类健身项目和康复类健身项目三大类。竞技类健身项目在竞技性的影响下能够最显著地提高人体生理机能和多种心理机能，它是最精彩、最活跃、最具挑战性、最富生命力的运动形态，具体项目如篮球、足球、排球、乒乓球、羽毛球、自行车、武术、大众健美操等项目；娱乐类健身项目在欢乐休闲的良好氛围下更加强调愉悦身心和舒适的健身活动体验，它是丰富文化生活，提高生活质量，形成愉快、和谐生活方式的有效手段，具体项目如门球、体育舞蹈、有氧操、棋牌、游戏等；康复类健身项目则将重点放在了通过一定的体育运动达到防病祛病、延年益寿的目的，这类项目在我国历史悠久，拥有极高的传承性，至今在我国城乡社区中仍旧有着最广泛的群众基础，具体项目如传统的武术拳术、养生气功和健身操等。目前，社区体育项目大部分都以传统类的为主，在项目创新上也多是集中在健身操和舞蹈类的创新，而球类项目需要更多的场地和相应设施，因此这类运动在新兴项目等其他方面的创新则较少。

（二）社区体育项目开发与创新的过程

在了解了社区体育项目开发与创新的动机后，就为后面的对相关元素的了解铺平了道路。在动机的影响下，项目创新也就逐渐显现了其目的。如此便非常有利于社区体育组织者对社区体育项目实施开发与创新的具体工作。这个工作并不能是想到哪做到哪的凌乱式状态，它需要有一个系统的、合理的、有序的工作流程。这个流程是客观存在的，是经过科学的论证和多年的时间累积而成的，任何不按照该流程进行的创新与开发要么不会成功，要么开发与创新的过程要消耗大量的时间和其他多种资源。具体的开发与创新的流程如下：

第一步首先是思维上的构思。这种构思会以社区中现存的多种体育项目资源为依据，它包括竞技体育项目资源、民俗体育项目资源和新兴体育项目资源。现代社区，特别是已经成熟的社区和高档社区中并不缺乏相应的体育项目资源，有些甚至还非常齐备。在这种情况下仍旧显得社区体育的组织缺乏活动，其主要原因就在于缺少对这些有利资源的创新利用方式，所以要最大限度地利用已有的体育资源，挖掘和开发新的潜在的资源，再运用改造、引进、创新等方式，先形成一个新的社区体育项目思维框架。

　　第二步是具体的编排，如健身性体育运动的规则编排；舞蹈类运动的音乐编排和服装道具的设计；操类运动的动作编排等。这些编排的行为是项目创新过程中最关键、最核心的部分，因为这种编排实际上是一种让社区体育运动项目开发与创新的行为以及最终产生的项目更加符合人们的需要。需要注意的是，社区体育项目开发与创新在编排的过程中，要格外重视其科学性和特色性，并且始终不能忽视它是以增强居民体质为主要目的，因此创新项目的健身属性就显得尤为重要。另外，编排还需要考虑一个时期或一定区域的社会文化形态等多方面的区别，具体包括社会结构、民族风俗、生产力发展水平以及各种积极或消极因素，都不同程度地影响着体育文化的发展。[①] 不同的社区有各自不同的特色，创新出代表社区特色的体育项目，也成为宣传社区文化的一个载体。在具体的编排操作过程中一定会遇到多种困难，如操类运动动作的设计、舞蹈类运动动作的设计和其与音乐的配合等。创新项目也正是在不断地克服这些困难，不断地选择改进中应运而生的。

　　最后一步就是将开发或创新出来的项目放到实践中去检验。由于这些创新和开发最早都是从理论论证开始的，尽管在论证过程中会辅以许多调查数据和访谈资料的支持，但它仍旧与现实需要有所差异。如此将新型体育项目放到实践中检验一段时间后，便可以在实践中发现问题，再做进一步的修改和完善。当然，整个项目在形成之后，并不能固定一个模式，它应该是一个根据实际的情况，不断完善的动态的过程。

　　（三）社区体育项目开发与创新的推广

　　从社区体育项目开发与创新的概念中就可以知道，对于社区体育项目的开发与创新，其目标不是为了新型体育项目的产生，此后还要有进一步的"行动"来展现出新型社区体育运动项目的用途，这就需要社区体育工作者进行必要的宣传、推广和普及工作。

　　现代社会已经进入到非常发达的信息化社会阶段，与以往相比，现代的信息传播渠道更为丰富和多样，这样就能在短时间内影响最为广泛的人群。具体来说，现代常用的社区体育项目推广方法主要有传统媒体推广、报刊推广、网络推广、讲座推广和教学推广。具体每一种推广方式的详情

　　① 李鹏程、刘建国：《社区体育项目开发理论体系的构建》，《山西师大体育学院学报》2008年第3期。

如下：

1. 传统媒体推广

传统媒体主要是通过广播和电视等媒体传播相关信息，通过广播和电视等媒体推广新型社区体育项目的优势在于它展现的体育项目给人更加直观的感受，广播可以较好地通过语言来描述新型社区体育项目的优点，电视更能生动活泼地展现运动特点。除直观感较为突出外，依托于传统媒体的推广还会给社区居民心理上以一种权威感，无形之中增强了对新型项目的兴趣度和信任度。然而这种推广方式也不是没有缺点，它的缺点就在于不利于居民短时间保存相关的信息，但通过长时间重复播出会在很大程度上弥补这个不足。

2. 纸质媒体推广

所谓的纸质媒体主要包括报刊、书籍、宣传彩页等宣传媒介。利用这些媒介对新型社区体育项目进行宣传可以使社区居民较长时间地保留有效信息，在方便之时重复观看、反复阅读。而这种推广方式的缺点是受众面较窄，如以宣传彩页为例，当发放彩页的时候，那些没有领到彩页的人肯定不会对相关内容有所了解，单从总体上来看，能领到的人毕竟是少数，如果说将彩页张贴在社区宣传栏中可以解决这一问题也显得较为武断，据访谈了解，许多人几乎并没有驻足于本社区的宣传栏阅览信息的习惯。除此之外，纸质媒体推广还对阅读者有一定的阅读要求，不利于普及，如对于社区体育活动的主要参与者——老年人，他们中有很大一部分人的文化程度不足以理解描述复杂的文字，或者由于很多老年人视力不佳，没有更多耐心阅读这些媒介信息。

3. 网络推广

互联网技术的发展可谓是近现代信息传播方式的一次革命。发展到今天，互联网几乎已经超越了任何一种传统传播方式，它表现出来的传播速度快、传播范围广的特点成为现代人获取信息的主要渠道。因此，社区体育项目开发与创新的推广一定不能忽视这种最现代的宣传方式，具体做法可以将创新的项目录制后，公开在网络上，利用网络推广。但网络推广的不足也体现在缺乏让居民有直接的体验感，有时会出现一部分的错误信息，需要居民进行自我辨别。

4. 讲座推广

讲座是一种较为传统的社区活动，在现代社区管理中，社区居委会仍旧会定期选择用这种方式向居民传达信息。因此，推广新型社区体育运动项目也可以继续延续传统方式。讲座推广的优点在于可以固定一定的居民参与，通过形象的表达，更具针对性地让居民加深印象。而它的不足则在于组织讲座的全过程都需要完备的监督和管理，而且要有相关部门的组织调动，相对而言会有一定的难度。由于场地的限制，讲座推广的影响范围有限，不利于信息的大范围传播。

5. 教学推广

教学推广模式类似于课堂教学模式，它经常与讲座推广模式结合使用。直接进行面对面的教学有利于教学双方的互动，及时发现问题，及时反馈纠正。缺点也与讲座推广相似，都需要消耗较多的人力、物力，且参与人群数量会受到限制。

除上述五种推广模式外，现代社区对于社区体育项目开发与创新的推广模式还有很多，如通过参加表演、组织比赛等。这些方法都有各自的优势和不足，目前尚没有一种模式是在任何情况下使用都能起到最佳效果的。因此，为了达到最佳的效果，在开始推广活动之前必须做好相应的调查，然后再根据调查结果、数据等具体情况选择最恰当的推广方式，最终促进社区体育项目开发与创新的规模化发展。

第二节　社区体育项目开发与创新的条件分析

社区体育项目开发与创新不是随即发生的，它的产生需要一定的条件促成，就像一粒种子需要肥沃的土壤、充足的水分和适当的气温才能生根发芽一样。只有满足了一系列的条件，社区体育项目开发与创新才能顺利地开展。

通过研究认为，现代新型社区体育项目开发与创新的条件可以被分为主观条件和客观条件两种，具体分析如下。

一　社区体育项目开发与创新的主观条件

创新活动要依托创新主体而进行，这是普遍认可的公理。创新的主体可以是个人，也可以是由多人组成的团体。但无论是个人还是团体，创新主体的素质都决定着事物创新的质量和效果。

　　社区体育项目开发与创新主体也一样，它除了具有一般主体的特性即自然性、社会性和精神性外，更主要的是要具备一般主体所不具有的特殊性质。从现代社区体育发展来看，这种开发创新的任务主要依托于社会体育指导员及其背后的体育管理组织的悉心钻研和创造。由此可以判定，社会体育指导员及其体育管理组织就是社区体育项目开发与创新的主体，为此，我们单以社会体育指导员为例对后面的相关问题进行说明。为了详细地研究，特意对一定数量的社会体育指导员的创新能力做了调查并汇成此表（表6-1）。

表6-1　　　　　　　　社会体育指导员创新能力的重要程度

人数 （百分比）	非常重要	重要	一般	不重要	非常 不重要	合计
艺术感知力	51（56.2）	36（40.4）	3（3.4）	0（0）	0（0）	90（100）
敢于突破的思维	44（48.3）	44（49.4）	2（2.2）	0（0）	0（0）	90（100）
扎实的理论基础	49（55.1）	39（42.7）	1（1.1）	1（1.1）	0（0）	90（100）
过硬的技术能力	56（61.8）	33（37.1）	1（1.1）	0（0）	0（0）	90（100）
了解相关的 保健知识	54（60.7）	36（39.3）	0（0）	0（0）	0（0）	90（100）
善于沟通的能力	56（62.9）	34（37.1）	0（0）	0（0）	0（0）	90（100）

　　人们积极参与体育锻炼，希望强身健体、防治疾病和延年益寿。为使社会体育指导员引导人们科学健身，达到最佳指导效果，社会体育指导员必须具有较丰富的体育知识和较强的体育运动技能。[①] 作为社区体育项目开发与创新的主体人物，社会体育指导员只有具备扎实的体育理论知识和一定的体育运动技术，才能保证他所创造和开发的社区体育项目的科学性和实用性。对于社区体育项目的开发与创新而言，社会体育指导员除了要具备上述两项内容外，还要掌握更多学科的知识动态，特别是社会学、人文学和心理学方面的知识。在日常注重不断地对自我知识的补充和更新，通过多种渠道接触新鲜事物，这样才会紧随时代保持较强的应变能力，进而创新出优秀的社区体育项目。项目创新的主体还必须具备敢于突破的思维和一定的奉献精神。现代的专业化分工，人们大都按照所学的专长解决

---

　　① 刘倩：《北京市海淀区城市社区体育指导员现状调查与对策研究》，硕士学位论文首都体育学院，2009年。

问题，大多数专业人员都有一套自己观察事物的方法，这就限制了自己的视野。①

创新与开发新兴社区体育项目，要做到理念先行，行动支持。由此可以看到理念对于创新事物的重要性。只有保证理念的正确，才能使后来的行动准确无误，否则如果在错误的理念下开始行动，那么行动得越有效率，离预期的目标就越远。因此，在社区体育项目的开发与创新方面，作为创新主体的社会体育指导员就要突破和摆脱传统观念和思维定式的束缚，要敢于接受新鲜事物，打破传统。尽管在行动的路途上可能会遇到困难，但相信只要抱有坚定的信念和顽强的斗志，终会跨过一切艰难险阻，这就是一种开拓进取的精神。

社区工作中包含有大量人与人之间的沟通和联系，它属于一种社会科学。因此，为了更好地进行社区体育项目开发与创新工作，还需要社会体育指导员具备良好的与人沟通的能力。这是人的软实力的一种体现。

二　社区体育项目开发与创新的客观条件

（一）政策条件

在我国，政策的支持是做好一件事的重要激励因素之一。但政策往往是不可控的，它会根据国家总体发展需求的变化而变化。可喜的是，近些年来我国大力倡导"全民健身""体育运动进社区"等多种全面健身理念走入寻常百姓家。《宪法》是我国的根本大法，是发展我国各项事业的最高依据，《宪法》第21条明确规定"国家发展体育事业，开展群众性的体育活动，增强人民体质"，这一规定确定国家和各级人民政府作为发展社会体育事业的推动者，要为广大人民群众参与体育活动创造良好的环境和条件。此外，《中华人民共和国体育法》《全民健身条例》等其中涉及社区体育项目的条例，都为社区体育项目开发与创新的发展提供政策方面的保障。一时间，大多数民众对此表示积极的认可，并切实投入到了社区体育运动当中，官方在此期间也为社区体育运动投入了大量的人、财、物等资源的支持。这种政策上的支持显然非常有利于社区体育项目开发与创新工作。在政策保障下，社区体育项目开发与创新受到各方重视。

（二）物质条件

经济学的规律告诉我们，"经济基础决定上层建筑"，这是非常正确

---

①　张华杰、李斌等：《论体育创新的环境》，《福建体育科技》2004年第6期。

的理论,是经过长期实践总结出来的,因此具有普遍的适用性。由此理论引申到社区体育项目开发与创新上也是适用的。也就是说,社区体育项目的开发与创新也是需要在拥有一定物质基础的情况下才能正常进行。国家、社会、经济,以及个人对社区体育的人力、物力、财力的投资,都会从不同程度上影响着社区体育项目的发展。社会体育指导员对于社区体育的创新也不能脱离这一规律进行,它都是在这个基础上进行的,并依赖于这个基础的支持和保障。如果没有这些客观的经济条件,项目创新就会很难进行,就好比一个饿着肚子做学问的科学家一样,连自身的基本需求尚不能满足,又何谈研究出的内容万事俱全呢。

(三)组织条件

在我国,随着近年来农村城市化进程的加快,居民的居住模式基本都已经转型为社区模式,且每个社区中都会有一个半政府半民间组织的社区居民委员会。在一般情况下,社区居委会主要代管社区体育活动的组织工作,以相对自由度更高的行政手段推动社区多种体育活动工作的开展。[1]

目前,社区体育项目的组织可以分为两类:正式组织和非正式组织。其中,正式组织在形式上有着较为严格的规章制度和活动方法,这就是所谓的"社区官方体育组织",这种组织举办的社区体育活动无论是活动场地还是活动资源都较为正式。这种"官方体育组织"管理的最大优势就在于它可以充分调动和利用社区的各种体育资源为居民服务。非正式的组织则是在社区中由一小部分人出于共同的体育爱好而自行发起创建的组织。这种组织在资金的筹集、活动的开展等方面也发挥着自身独特的优势。总之,无论是哪种组织形式,社区体育项目管理的体制都在向着现代化、法制化和人本化的方向发展。

(四)科技条件

在现代新型社区体育项目的开发与创新中,科技条件一定是不能忽视的发展力量。它也是社区体育项目开发与创新的重要客观条件之一。

在现代社会中,科技给人们带来了日新月异的生活,然而获得极大便利的生活反而不利于人们的身心健康。因此,适时让科技反哺人们的健康就成为人们期待的事情。

科技的发展对体育运动的影响也是巨大的,它带来了更轻便的器材以

---

① 张一弛:《阐释社区体育发展的相关因素》,《长春理工大学学报》2009 年第 1 期。

及更科学的训练手段。除此之外，科技也使社区体育项目开发与创新更加的科学化，这包括科技的发展促进了社区体育项目开发与创新信息的传播等。随着全球体育事业的发展，社区体育项目开发与创新信息的收集与传播的手段已同现代科学技术的成果密切相连，以互联网为代表的现代信息技术的快速发展，也使体育项目资源共享成为可能。

第三节　社区体育项目开发与创新的对策

一　完善社区体育项目开发与创新促进机制

完善社区体育项目开发与创新促进机制，首先就要规范社区体育组织与协会。特别是对自发组建的体育组织来说，要建立组织申报名录机制，对创新项目的健身组织提出自主申报的要求。只要符合一定规模、活动定期、规章制度健全等条件的创新项目均可进行申报，经过评审，将一批组织录入名录册，引导组织的有序发展。社区体育官方组织甚至可以根据需要为其提供所需资源，以此也能为社区体育项目创新提供支持。

成立规范的专业组织，使专业委员会和体育协会相联系，这样就把项目的创新与推广由原来的街道、社区管理上升到由更高一级的体育管理机构统筹规划，从而形成一种街道社区配合，高级体育管理机构统筹调配的一体化管理形式，将项目的创新与推广工作作为一个系统工程来运作。

二　选拔专业人才参与开发与创新工作

现代社会不仅是科技的竞争，也是人才的竞争，21世纪最宝贵的资源就是人才。因此，鉴于人才的重要性，在现代新型社区体育项目开发与创新工作中也要注重吸引更多具有专业知识和亲身经验的人才。

高校是人才的聚集地，因此，在选拔人才的时候要特别注意充分利用高校人才资源，集中优势力量，创新出健康、科学并为广大居民所喜爱的社区体育项目。现代体育院校为了满足社会对社会体育人才的需求，基本都设置了社会体育专业。社区应该特别注重对该专业人才的关注，随时注意联动各体育院校、运动队，统一组织、统一调派各种专业教练人员和志愿人员队伍到有需要的各点，系统性、专业化地辅导各阶层、各年龄层的市民参与新的社区体育项目。这种社区体育的发展方式也已经成为未来整个社会体育的发展大趋势。因此，应通过各种宣传渠道发布招聘信息，鼓励各方面的人才加入到社会体育指导员的队伍中。

除了选拔相关专业人才外，国家政策的扶持和导向也是非常关键的。它是建立良性创新机制的重要基础，也是政府体育部门在体育创新体系中的主要任务之一。

三　提高社会体育指导员的创新能力

社会体育指导员出自于体育院校的社会体育专业学生或运动队的退役运动员。当下我国各级社会体育管理部门都在积极组织社会体育指导员的培训工作，每年都有专门的社会体育指导员等级资格认证考试。对于社会体育指导员的培训较为全面和系统，培训的内容和社会体育指导员的质量有着密切的关系，除了培训基本的体育锻炼知识以外，还应该增强对体育项目的培训，特别是还增加了很多社会学和心理学的内容。

根据体育项目发展的实际情况，在对社会体育指导员进行培训时，可按照不同的项目种类，进行有针对性的引导。除了球类项目和操类项目外，还应增加一些冷门但对身心健康极为有利的运动项目进行培训。利用各种资源，积极开发其他类型的项目创新以此来满足不同人群的需求，丰富社区体育项目开发与创新的内容。

四　加强对多种非常见体育项目的创新或引进

通过走访发现，在现阶段我国社区中开展的体育运动项目多为球类运动、体育舞蹈以及操类项目。其中球类项目是开展数量最多的，主要包括排球、篮球、羽毛球、乒乓球、台球等。而同样作为球类运动且非常适合老年人开展的门球、地掷球等运动因为种种原因开展和创新的不多。

对于传统的球类运动而言，可以采用回归竞技体育的健身属性的方法，利用现有的体育器材，适时弱化运动的竞技性，使之成为更具娱乐性和健身性的运动，如篮球定点投篮比赛等，或者可以调整体育器材，如将排球的挂网降低，或者将排球用球改成气排球等。一系列的改动更加适合其在社区中开展。另外，除了自身的开发外，还应该多吸收引进一些球类的运动项目，如沙壶球等。

注重增加现代类体育项目的创新幅度，既可以将民族传统类的项目加入现代的元素，利用传统的道具，加上现代的动作，有效地进行整合，也可以采用将新型的体育项目进行迁移的方式，如健美操、排舞、现代舞都是新型的体育项目，其节奏的快慢成了不同的人群练习的关键，可以针对不同的人群变换节奏。对其他地区和国家的现代类的项目也可以借鉴和引进，从而不断地丰富社区体育项目。

五   丰富创新型体育项目的推广方式

丰富创新型体育项目的推广方式可以考虑举办各级培训班，进行由内向外的推广普及。在各个街道、各个区甚至是全国各地相应的省市，开设各类辅导班，组织多人次参加培训，在街道社区单位的支持下，在学校、社区单位中开展，让各年龄层、各阶层的人共同参与。

承办项目比赛，应邀演出，展示风采。可以在社区内外举办项目的比赛，激起社区居民的参与热情，同时，在项目发展到一定的规模后，可承办全国的大型的项目比赛，扩大项目的推广面。主动参与一些活动和节目，展示自己的风格和魅力，最终得到社会的承认和广大群众的认可。

采用现代技术，广泛传播。充分利用现代信息技术，与国际互联网结合起来，运用现代网络技术，进行项目的推广，将是一条重要的途径。可建立网站，对竞赛的规则、技术知识、项目协作、开展的活动等做系统的介绍，让更多的人全面了解该项目。

第七章

社区体育中常见运动健身项目的挖掘与开发

随着人们物质生活水平的不断提高，从事社区体育活动的人群也越来越多，因此在这样的形势下，深入挖掘传统的社区体育健身项目，开发新的适合社区居民健身的运动项目就显得势在必行了。本章主要阐述了传统健身项目、休闲球类项目和时尚流行项目三个项目的健身运动，以为人们参加社区体育健身提供一定的指导。

第一节　传统健身项目的挖掘与开发

传统健身项目有很多，这些项目都有一个共同点，那就是具有较强的健身价值，下面主要阐述一下跳绳和毽球这两个传统健身项目。

一　跳绳

（一）跳绳基本知识

1. 场地

跳绳可在平整的空地上进行，可大可小，根据跳绳游戏的人数、比赛方式而定。单人、双人跳绳场地，在比赛场上用白粉画若干个直径为2米的圆圈，或边长为2米的正方形。集体长绳比赛场地，在比赛场上画宽5米、长10米的长方形场地，用白粉标出场地线，绳应在场地中部摇转。

2. 器材

跳绳可用棉纱、麻塑料、尼龙等材料制成，绳上可有木把，绳中间可接皮条、穿套管等，不能在绳上加硬质附属物。短绳和长绳长度不限，但长绳的实际使用范围不得少于4米。

（二）跳绳健身价值的挖掘

1. 促进心脏机能的完善

经常参加跳绳运动能增强人体心血管、呼吸和神经系统的功能，可以预防诸如糖尿病、关节炎、肥胖症、骨质疏松、高血压、肌肉萎缩、高血脂、失眠症、抑郁症、更年期综合征等，对哺乳期和绝经期妇女来说，跳绳还兼有放松情绪的积极作用。跳绳每小时消耗体内热量约 1 000 卡路里，并且使人心律维持在与慢跑大致相同的水平，不过它却可以避免因跑步而产生的膝、踝关节疼痛的困扰。跳绳对身体的灵敏性、身体姿态、平衡能力、协调性和柔韧性都有奇妙的促进作用。能使力量得到发展，尤其是下肢力量。跳绳能让小腿肌肉变得有爆发力，使大腿和臀部肌肉纤维更结实。

2. 燃烧体内多余的脂肪

跳绳对于人们，尤其是女性来说具有独特的保健作用，法国健身专家莫克专门为女性健身者设计了一种"跳绳渐进计划"。初学时，仅在原地跳 1 分钟；3 天后即可连续跳 3 分钟；3 个月后可连续跳上 10 分钟；半年后每天可实行"系列跳"（如每次连跳 3 分钟，共 5 次），直到一次连续跳上半小时。一次跳半小时，就相当于慢跑 90 分钟的运动量，已是标准的有氧健身运动。

3. 提高呼吸能力

不间断地跳绳可以增加呼吸频率和每次的呼吸量，从而促进人体的呼吸机能，减少了患上呼吸道疾病的可能。

4. 增强神经系统的功能

跳绳过程中，精神状态是十分集中的，为了保持跳绳的持续性，需要神经系统集中起全部的注意力来控制节奏，从开始跳几个到几十个、几百个的过程便是神经系统全面加强的表现。

（三）跳绳在社区体育中的开发与发展

跳绳是一种有益于身心健康的休闲性游戏，适合于各类人群参加，人们通过参加跳绳运动，不仅能增强自己的体质，同时还能极大地丰富自己的精神文化生活。跳绳运动对场地及器材的要求不高，仅仅需要一块空地和一条跳绳就能参加，目前跳绳运动在我国众多的居民小区广泛开展起来，成为社区体育中重要的一个健身项目。随着社区体育的不断发展，各种健身项目也越来越多，这对跳绳运动也形成了一定的冲击，因此，在这样的形势下，需要不断挖掘跳绳运动的健身价值，丰富跳绳运动的形式及方法，吸引更多的人参加。

（四）跳绳基本技术练习

1. 单摇跳

摇绳一回环，跳跃一次叫单摇跳。单摇跳分前摇跳和后摇跳，是最基本、最简单的跳绳技术。

（1）单摇双脚跳

①前单摇双脚跳

双手持绳两端，绳在背后，向上、向前摇绳，摇绳时应以肘关节为轴，用前臂与腕部力量进行，并与双脚跳跃动作协调配合，在绳将到脚下时，双脚跳起越过绳用前脚掌落地，如此连续跳跃。

②后单摇双脚跳

将绳放在体前，双手由前向后摇绳回环，两脚同时跳起让绳从体后向前通过。除摇绳方向相反，其他动作同前单摇双脚跳。

（2）单摇双脚交换跳

①前摇两脚交换跳

由体后向前摇绳一回环，两脚交替单脚跳起，即原地跑步跳绳，也可以向前方做跳绳跑。原地两脚交换跳时，小腿屈膝上抬，不要后摆，两脚依次蹬地并交替放松休息。

②后摇两脚交换跳

后摇两脚交换跳则是由前向后摇绳做两脚交换跳练习。

单摇双脚交换跳的特点是跳得高，跳得快，跳的时间比较持久。前后单摇双脚交换快速跳绳常用于个人定时记数比赛。

③两臂体前交叉摇绳跳

在向前摇绳至体前方向下落的过程中，两臂在体前顺势交叉摇绳，当脚跳过绳后，绳摇至头上时，两臂向左右分开，摇跳一次，这样一摇一交叉摇绳跳。另一种方法是在两臂交叉后不立即分开，在两臂前交叉的姿势中继续摇绳跳若干次，再分开跳几次之后再进行交叉。同样也可以在向后摇绳过程中，用以上方法进行两臂体前交叉摇绳跳，对于脚下的跳跃动作，既可采用双脚跳，也可以采用单脚交换跳的方式练习。此方法常用于花样定时记数或定数计时比赛。

2. 双摇跳

双摇跳又叫两摇跳，也叫双飞跳。技术动作为身体跳起时，加快摇绳速度，使摇绳在脚下通过两次。双摇绳又分前双摇绳和后双摇绳两种技术。

（1）双摇双脚跳

前双摇双脚跳是各种双摇跳的基础技术。学习双摇跳可先做几个单摇跳，使摇绳回环有了初速度，再突然加快摇绳，双脚同时高跳起，每跳跃一次摇绳两回环。双摇跳技术的关键在摇绳与跳跃的配合，高速快摇有利于完成动作；初练双摇跳，可稍收腹并屈腿，有利于增加腾空时间，使跳绳能顺利通过脚下两次，掌握技术后可以连续做双摇跳练习。后双摇跳，是由前向后摇绳两回环跳，后双摇跳可将跳绳放长一些，两臂稍外展，快速摇绳使绳有打地声，这样便于控制起跳时机和节奏。

（2）双摇单脚跳

双摇单脚跳与双摇双脚跳的方法基本相同，只是用单脚跳起通过摇绳两回环。在掌握了双摇双脚跳以后方可做双摇单脚跳练习。

3. 带人跳绳

带人跳绳是一种常见的趣味性、娱乐性的跳绳活动。通常是一人摇绳带一人同跳，称双人跳绳。带人跳绳也可以一人带多人齐跳或轮流跳，或两人合摇一条短绳带人跳等，跳法多种多样。

（1）一人带一人摇跳

由一人摇绳，另一人可以从背后或体前趁机跑入跳绳，也可以趁绳摇至头顶上方时，由摇绳者的体侧跑至体前或体后，又可以原地或行进间做共同移动的跳跃。带人跳时，要求摇绳速度均匀，两人面对面距离稍近，相互密切配合、协调动作。可先做两人定位的带跳练习，熟练后被带者再做切入跳绳练习。被带者可将手扶在摇绳者的腰部，这样就容易做到同时起跳，默契配合。

（2）钻绳洞

甲摇绳带乙，先相对站立。甲前摇绳带乙，甲乙齐跳 3 次后，甲放慢摇绳速度并将左臂抬高些摇绳，乙弯腰从甲的左臂下快速钻跑到甲的身后，两人再齐跳 3 次。在第四次摇绳时，乙再从甲的右臂下快速钻到甲的身前。这样三跳一钻有规律的双人跳绳十分活泼有趣，乙在跳绳中像钻洞一样，故称为钻绳洞。熟练后甲可以带 2—3 人做钻绳洞游戏。

练习要点：为了使乙顺利钻绳洞，甲应尽量为乙钻过创造有利条件，除抬臂外，还可将绳偏向一侧摇动。乙的动作若慢，甲应慢摇绳；乙钻得快，甲摇绳也应及时加快。钻洞者要灵巧敏捷，相互密切配合。

（3）双人外手摇绳带人跳

两人并立，均用外侧手分别握同一条跳绳的两端，互相配合进行摇跳，熟练后可在中间、前、后带人一齐跳。三人能够协调摇跳时，还可以同时向前移动（称为跳进），用单脚交换跳的方法，跑两步跳一次绳。

（4）带人双摇跳

带人双摇跳又称为双人双摇跳。要求双方都能熟练掌握双摇跳，这种带人双摇跳互相配合的要求更高。被带者可用双手扶在带人者的腰部，这样就容易把握起跳和落地的时机。

练习要点：带人双摇跳，两人应保持直体上跳，不要弯腰，避免发生因相互撞头、碰脸而造成伤害。可把跳绳适当缩短，这样既可加快速度又省力。也可以做向后双摇带人跳，但难度较大，需要更好地配合练习。

带人跳绳方法很多，除了上述几种基本方法以外，还有轮带、转带、变换带等多种方法。练习者学会基本方法以后，可灵活变换并学习和设计其他带人跳绳的方法。

二　毽球

（一）毽球基本知识

毽球是一项老幼皆宜的终身性休闲游戏。把一束鸡毛插在铜钱上，再以布条缠牢，即扎成一个惹人喜爱的毽子。毽球的踢法多种多样，可以比次数、比花样，对活动关节、加强韧带、发展灵敏和平衡素质有良好作用。

毽球是中国民间传统的健身活动，历史悠久，宋代集市上就有专卖毽子的店铺，明清时开始有正式的毽球比赛。民间相传，毽球为南宋抗金名将岳飞所创。当年岳飞北征中原，兵锋直抵黄河南岸，金军恃城固守，避不出战，两军相持之际，秋尽冬来，岳家军还穿着出征时的夏装，因熬不住北方的严寒，又得恪守"冻死不拆屋"的纪律，许多人冻伤了足。岳飞令士兵们把箭矢后的翎毛拔下，绑在铜钱眼里，不停地蹦踢，称为"抛足之戏"，踢了一阵子，脚趾上的冻伤不治而愈。从此，毽球成为岳家军的冬季锻炼项目，并逐渐流向民间。

现代毽类运动包括毽球和花样踢毽两个项目，起步于 20 世纪中期。到 20 世纪 80 年代，毽类运动得到迅速普及，广泛开展于工厂、学校和机关事业单位当中。1984 年，毽球被列入国家体委正式开展的体育比赛。

随着毽类运动的蓬勃兴旺，全国和地方性毽球组织相继成立。与此同时，竞赛体制基本完善，全国锦标赛、职工赛、学生赛、国际邀请赛等竞赛制度相继建立。进入 20 世纪 90 年代，毽类运动又先后跻身于全国少数民族运动会、全国农民运动会和全国中学生运动会等大型综合性运动会。毽球比赛在我国进行得如火如荼，2012 年的全国毽球锦标赛于 6 月份在广东举行。同时，毽类运动还跨出国门走向世界，先后在亚欧美的多个国家开展起来，并成立了国际组织，建立了世界锦标赛制度，截至目前，世界毽球锦标赛已举办六届。在 2010 年的第六届世界毽球锦标赛上，我国夺得男子团体、女子双人、男子单人 3 块金牌。

（二）毽球健身价值的挖掘

毽球是一项集羽毛球场地、排球规则、足球技术为一体的隔网相对抗的运动项目，因此，毽球本身也兼具这几个项目的特点。经常参加毽球运动，不仅能锻炼自己的身体灵活性，同时还能有效地提高自己的反应能力和耐力，因此在对毽球运动健身价值的研究中，要非常注意对这几方面的价值的深入挖掘。

（三）毽球健身基本技术练习

1. 准备姿势

踢毽球的准备姿势主要有平行站法和前后站法。

（1）平行站法

两脚左右开立，比肩略宽，两臂体侧自然前屈，两脚几乎站在同一条直线上，两脚尖内收呈"内八字"型，后脚跟提起，脚跨趾扣地，着力点在脚掌内侧，身体重心前倾，大、小腿约呈 100°—110°角，两膝内收，膝关节面稍超出脚尖，肩关节垂直面领先于膝关节。

（2）前后站法

两脚前后开立，左脚稍跨出一只脚的距离，右脚在后，两脚跟提起。其他动作与平行站法基本相同。

2. 起动与脚步移动

起动是移动的开始，也是关键，而移动是起动的继续。起动的快慢，取决于准备姿势的正确与否。在平时的训练和比赛中，必须根据来球的方向、弧度、速度和落点，及时地向前后左右起动和移动，转移重心，使身体尽快接近来球，并处于适当的击球位置，然后采取相应的技术动作。

3. 发球技术

发球的技术动作环节包括：抛球、击球、击球后随球跟进三个环节。

抛球要抛准、抛稳，将球垂直抛于体前固定高度和位置，力量要适当。抛球是整个发球动作的基础，对于初学者来说，它是极为重要的基础环节。

击球要准确、有力、脚法固定、击球点准确。在熟练的基础上，对不稳定的抛球，做适当的调整，因此它是发球的关键环节。

4. 踢球技术

用膝关节以下部位击球称为踢球，它是运动员用脚的某一部位将球击向预定目标的技术动作。常见的踢球方法有脚内侧踢球、脚外侧踢球、正脚背踢球等。

（1）脚内侧踢球

左脚支撑，右大腿带动小腿屈膝上摆，同时膝关节外张，小腿上摆，击球的一刹那踝关节内屈端平，用脚弓内侧把球向上踢起（图7－1）。

图7－1　　　　　　图7－2　　　　　　图7－3

（2）脚外侧踢球

左脚支撑，右大腿带动小腿，膝内收，小腿向体外侧上摆，击球的一刹那勾足尖，踝关节外屈端平，用脚背外侧把球向上踢起（图7－2）。

（3）正脚背踢球

脚背踢球方法有脚背屈踢、脚背绷踢、脚背直踢三种，共同点是单脚支撑用脚趾或脚趾跟部踢球（图7－3）。

①脚背屈踢

屈踝，右脚大腿带动小腿，屈膝屈踝上摆，脚背与地面平行，以大腿上摆力量把球踢起。

②脚背绷踢

脚背上绷，右腿膝微屈，脚微直，自然放松，当球下落到离地面10—15厘米时，脚插进球底部小腿用力，同时屈踝绷腿把球向上踢起。

③脚背直踢

右脚大腿带动小腿屈膝向前摆，脚背绷直，扣脚趾，击球时小腿迅速前摆。

5. 触球技术

用膝关节以上除手臂以外任何部位击球称为触球。触球的方法有腿触球、腹触球、胸触球、肩触球和头触球五种。

（1）腿触球

左脚支撑，右腿屈膝大腿带动小腿上摆，当球下落到略低于髋部时，用大腿的前半部分（靠膝部）触球（图7－4）。

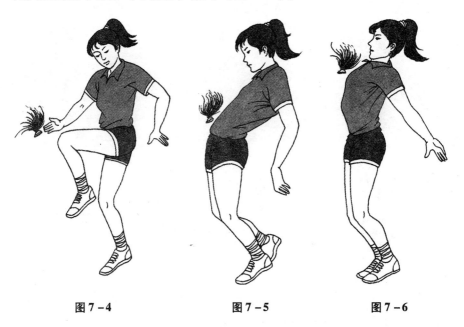

图7－4　　　　　　　图7－5　　　　　　　图7－6

（2）腹触球

对准来球屈膝略向后蹲，稍含胸收腹，当腹部触球的一刹那稍挺腹，如来球过猛，也可以挺腹，使球轻轻弹出（图7－5）。

（3）胸触球

两脚自然开立，当球传到胸前约10厘米时，两臂自然微屈，两肩稍用力向后拉，挺胸，同时两脚蹬地，身体挺起，用胸部触球（图 7 - 6）。

（4）肩触球

两脚自然开立对准来球，当球传到肩前约 10 厘米处时，肩稍后拉前摆，用肩部击球（图 7 - 7）。

图 7 - 7   图 7 - 8

（5）头触球

两脚自然开立，当球传到头前约 10 厘米时，两脚蹬地，同时颈部稍紧张向前摆头，用前额触球（图 7 - 8）。

第二节   休闲球类项目的挖掘与开发

一   羽毛球

（一）羽毛球健身价值的挖掘

1. 通过羽毛球运动可以强身健体，增强体质

羽毛球运动不仅锻炼人的体能，还能提高人的技能，要求脑、眼、手、脚密切协作，全身心地投入。羽毛球运动量大，速度快，能有效地消耗多余的脂肪，调节肌肉密度，塑造优美形体，还有助于缓解眼睛、大脑和颈椎的疲劳状况。经常参加羽毛球运动，可提高机体的灵敏性、协调性，改善人体代谢功能，提高吸氧能力，提高人体抵御外界侵袭的能力。

2. 通过羽毛球健身可以培养竞争意识和进取精神

羽毛球运动特有的对抗性、强负荷的锻炼方式，有助于培养充满自

信、不畏困难、顽强拼搏、积极进取的高素质。

3. 加强文化素质修养

羽毛球运动是一项历史悠久的运动，了解羽毛球运动的发展历史和文化背景，学习并遵守运动规则，形成尊重对手和尊重裁判员的赛场作风，对培养协作、忍让、谦虚、豁达等优良品质大有益处，有利于树立正确的人生观和世界观。

4. 陶冶情操，增添生活情趣

羽毛球运动是一项综合性运动，它能使人保持优美潇洒的姿态和朝气蓬勃的精神状态。无论是参加羽毛球运动，还是观看羽毛球比赛，都能从中体会到灵动变化之美，感受到这项运动的魅力。可以说，打羽毛球就是一个发现美和创造美的过程，通过羽毛球运动能够增加人们的生活情趣。

（二）羽毛球健身基本技术练习

1. 发球技术

（1）正手发球技术

①正手发后场高远球

正手发后场高远球是用正手握拍，以正拍面将球击得又高又远，球飞行到对方的端线上空后突然改变方向，呈垂直下落至端线（底线）附近的一种发球。由于球处于对方端线，可有效地调动对方并削弱其进攻的威力，同时也增大对方接下一拍球的难度。在单打中，这种发球被普遍采用。

发后场高远球时，左手持球，自然弯曲置于胸前，右手持拍向右后上方摆起，身体重心前移，右脚跟提起，身体放松。左手放球使其下落，在右臂向前上方挥动的同时，右脚蹬地，腰腹向正前方转动。使下落的球与拍面在身体右侧前下方的交叉点碰触，球触拍面的中上部。击球瞬间，握紧球拍，闪动手腕，向前上方鞭打击球，在击球的同时，手臂随击球后的惯性自然往左肩上方挥起，身体重心也由右脚移到左脚。击球后，重心下沉，微屈双膝，随时准备回击对方的来球（图7-9）。

正手发后场高远球时要注意，击球点须在右前下方，击球瞬间前臂带动手腕由伸至展，充分闪动发力将球击出。击球后手腕呈展腕状态。

②正手发网前球

正手发网前球是用正手握拍，以正拍面击球，使球轻轻擦网而过，落在对方前发球线附近的一种发球。由于它的飞行弧度低，距离短，可以有

图 7 - 9

效地限制对方直接接发球反攻或接发球后有目的地抢网或突击扣杀，是单、双打中较常见的一种发球。

发网前球时，正手发网前球时站位稍靠前。握拍尽量放松，上臂动作要小，重心在左脚上，右脚跟提起。击球时，由前臂带动手腕使拍面从右向左斜切击球，控制用力，使球刚好贴网而过，落在对方前发球线附近。击球后，还原成准备姿势（图 7 - 10）。

图 7 - 10

（2）反手发球

①反手发平球

反手发平球时，球拍的挥动方向与反手发网前球一致，只要在击球的瞬间，抖动手腕，突然发力，拍面要有"反压"动作。

②反手发网前球

反手发网前球时，小臂带动手腕发力，球拍由后向前推送，拍面呈切削式击球，使球过网后急速下落至对方场区的前发球线附近（图 7 - 11）。

2. 接发球技术

接发球的方法是多种多样、千姿百态的，没有固定统一的模式。接同

图 7 –11

一种发球，由于选手个人打法不同、特点不同和技术水平高低不同，在接发球技术运用上也有所不同。

（1）前场正手接发球技术

动作开始首先用正手前场接发球步法向来球方向移动，同时前臂微屈，外旋半弧形引拍，准备接发球。结合身体向前跨步的冲力，用斜拍面与地面夹角大于120°的仰角拍面，向前摩擦推送击球。接发球搓网前小球的击球力量比网前搓小球要稍大一些，应控制适度的力量，击球用力过大，球不会出现旋转；击球用力过小，接发球搓球不过网。根据对方不同的发球方式，其击球动作也有不同。

①正手接发球勾对角小球击球动作：手腕内旋，拇指、食指转动拍柄，向网前斜对角方向发力击球。

②正手接发球挑球击球动作：击球点较低，用与地面大于90°的拍面仰角，前臂内旋，食指、拇指收紧拍柄，展腕发力击球。

③正手接发球推球击球动作：手腕迅速内旋，食指发力拨动拍柄，球拍与地面近似90°夹角内翻拍面击球。

④正手接发球扑球击球动作：击球点高于球网顶部，前臂快速内旋，球拍与地面小于90°的夹角，向下拍压击球。

在上下肢同时完成接发球动作后，持拍手自然收回体前，向中心位置回动。

（2）前场反手接发球技术

接发反手前场球步法向来球方向移动，反手握拍向来球方向伸出，同时前臂微屈做内旋半弧形引拍动作，准备击球。反手接发球搓小球击球动作：结合身体向前跨步的冲力，食指、拇指内旋捻动球拍，用与地面夹角大于120°的斜拍面，向前摩擦推送搓球。根据对方不同的发球方式，其击球动作也有不同。

①反手接发球勾对角小球击球动作：手腕外旋，拇指前顶，其余四指收紧拍柄向网前斜对角方向发力击球。

②反手接发球挑球击球动作：击球点较低，前臂外旋，拇指前顶，用与地面大于90°的夹角拍面，收腕发力击球。

③反手接发球推球击球动作：球拍与地面夹角近似90°，前臂迅速外旋，拇指前顶，手腕向前方外翻拍面击球。

④反手接发球扑球：击球点高于球网顶部，前臂快速外旋，用球拍与地面小于90°的夹角，拇指前顶，向前下方拍压击球。

在击球后，持拍手自然收回体前，脚步退回中心位置，成接球前准备姿势。

（3）后场接发球技术

根据来球的位置不同，接发后场球可采用正手和头顶两种姿势击球。正手和头顶接发后场球技术的动作轨迹基本相同，只是击球点位置略有不同。正手接发后场球击球点在身体右后侧右肩上方，而头顶接发后场球击球点在身体左后侧头顶或左肩的上方。

用接发后场球步法向来球方向移动，同时上臂外旋带动前臂后仰回环引拍，身体重心在右脚上，准备起跳击球。接发球回击高远（平高）球击球动作：击球点在头前上方，上臂带动前臂迅速内旋向上挥动，将力传递至手腕，手指发力用正拍面与地面稍大于90°的夹角（击平高球）和接近120°的仰角（击高远球）将球击出。根据对方不同的发球方式，其击球动作也有不同。

①接发球回击吊球和劈球击球动作：击球点选择比回击平高球和高远球靠前约10厘米，上臂带动前臂迅速内旋向上挥动，通过手腕和手指控制击球力量（劈球比吊球力大），用球拍面与地面夹角小于90°的斜面（劈球比吊球击球角度更大）切击球托右侧（头顶击球切击球托左后侧）。

②接发球回击杀球击球动作：身体充分后仰呈弓形展开，击球点比回击吊球再靠前约5厘米的位置，上臂带动前臂迅速内旋向上挥动，最后通过手腕手指发力，用与地面近似75°的夹角将球击出。

③接发球回击抽杀球击球动作：手臂迅速内旋后倒回环引拍，用与地

面近似90°的夹角拍面向前挥动击球。

击球后，持拍手随惯性动作向身体左前下方挥动，并迅速将拍收回体前，脚步向中心位置跟进回动，做好下次接球准备。

3. 击球技术

（1）搓球技术

运用快速上网步法，争取高的击球点，将网前位置的来球，以斜拍面"搓""切"等动作击球，使球在摩擦力的作用下旋转飞行，同样落至对方的网前，这种球称为搓球。

①正手搓球

击球前动作与正手放网前球基本相同。击球时，在球拍举至最高点时前臂稍外旋，手腕由后伸至稍内收与网前击球前期动作一致。击球时，加快挥拍速度，体现"搓切"的动作，击球的右下底部，使球翻滚过网。击球后还原成准备姿势（图7－12）。

图7－12

②反手搓球

反手搓球首先要反手握拍，运用反手上网步法向来球方向移动，其余击球前的动作与正手网前搓球相同。在伸拍的同时前臂内旋做半弧形引拍动作。反手网前搓球有两种击球方式。一种是手腕由展腕至收腕发力，击球时由左至右切击球托的左后侧面部位。另一种是手腕由收至展腕发力，以斜拍面由右向左切击球托的右后侧部位。与正手网前搓球相同，并注意从反手握拍还原成正手放松握拍（图7－13）。

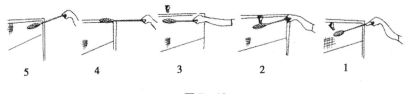

图 7 - 13

（2）推球

推球技术击球点高，动作小，发力距离短，速度快，且落点变化多，是前场击球技术中进攻底线的一种很有威力的球，在单、双打中都较常用。网前推球有正手、反手两种击球方法。

①正手推球

正手推球指在网前较高的击球点上，以正手握拍法，用推击的方法向对方底线击出弧度较平、速度较快的球。

移动到位，球拍向右侧平举。推球前，前臂稍外旋，手腕后伸同时球拍也稍往后摆，拍面对准来球。这时小指与无名指稍松开，使拍柄离开手掌，这样能充分发挥手指的力量。推球时，拍面尽力后仰，手腕由后伸直并且闪腕，食指向前压下，小指、无名指突然握紧拍柄，球拍快速地由右经前向左挥动（图7－14）。推球后，在回动过程中回收球拍于胸前。

图 7 - 14

②反手推球

反手推球指在网前较高的击球点上，以反手握拍法，用推击的方法向对方底线击出弧度较平、速度较快的球。

移动至网前左侧，反手握拍，臂侧上举。推球前，臂向左胸前收引，手腕稍外展，球拍松握，拇指顶住拍柄的内侧宽面，推球时，当前臂往前伸的同时外旋，手腕由稍外展到伸直抖腕，中指、无名指、小指突然紧握球拍，拇指顶压，向前挥动将球推出，触球托的后部。击球后，身体还原至准备姿势。

（3）扑球

扑球是指当对方回击的球过网的弧线较高时，抢高点将球向对方场区下方扑压过去的球，也成为网前杀球，它是前场进攻直接得分的一种重要手段。

①正手扑球

正手扑球指对方击来的右场区网前球刚过网，高度在网沿上面时，用正手握拍法，以正拍面迅速上网挥拍扑击下压过去。

左脚先蹬地随后右脚发力蹬跃，使身体向球网右侧腾空跃起，球拍正对来球。同时前臂前伸稍外旋，腕关节后伸，放松握拍。击球时，前臂带动手腕和手指快速抖动发力。如球离网带上沿较近，可采用手腕从右向左将球压下的"滑动"式扑球方法，避免球拍触网犯规（图7－15）。击球后，要控制身体重心，球拍随惯性回收，至准备姿势。

图7－15

②反手扑球

反手扑球指对方击来的左场区网前球刚过网，高度在网沿上面时，用反手握拍法，以反拍面迅速上网挥拍扑击下压过去。

运用反手上网步法向来球方向移动，在右脚蹬跨步的同时，反手握拍、持于左侧前向前上方的来球方向高举伸出。当身体向左前蹬跳跃起时，持拍手随着前臂前伸而向前上方举拍，肘稍屈，手腕外展，采用反手握拍法，拍面正对来球。身体向左前飞跃，用手腕由外展至内收"闪动"的力量向前下加速挥拍扑压击球。拍面向正前下方击球为反手扑直线球，拍面向斜前下方击球为反手扑斜线球。击球后马上屈肘，手腕由内收到外展收拍于体前，以免触网。

（4）吊球

①正手吊球

击球准备和前期动作同正手吊球。只是击球时拍面稍向内倾斜，手腕做快速切削下压动作，击球托的后部和侧后部。若吊斜线球时，则球拍切削球托右侧并向左下方发力；若吊直线球，则拍面正对前方向下方切削（图7－16）。

图7－16

②反手吊球

用反手握拍以反拍面在后场击吊球为反手击网前吊球。反手吊球准备动作同反手击高球，只是击球时，握拍的方法，拍面的掌握和力量的运用有所区别。吊直线球时，用球拍反面切削球托的后中部将球击出，落点在对方右场区前发球线附近；吊斜线球时，用球拍反面切削球托的左侧部将球击出，落点在对方左场区前发球线附近（图 7 - 17）。

图 7 - 17

③头顶吊球

用正手握拍在左后场区头顶上方以正拍面向对方网前区域击吊球为后场头顶吊球。同正手吊球一样，头顶也可击直线、斜线吊球。头顶吊球准备动作与击头顶高球相同。只是击球时，击球点要稍靠前些，头顶吊直线球时，击球的瞬间前臂突然往前下方挥拍，球拍击球托的正中部位，使球朝直线方向飞行过网后即下落。头顶吊斜线球时，击球瞬间，前臂突然反腕往前下方挥拍，以斜拍面击球托左侧部位，使球向对角方向飞行过网后即下落。

（5）杀球

杀球是在后场或中场争取尽量高的击球点，并全力将球由高点向下往中后场区扣压下去的一种技术。杀球时击球力量最大，速度最快，在比赛中通常是进攻直接得分的重要手段。

依据击球点在场区的位置，可分为后场杀球技术和中场杀球技术。后场杀球技术包括后场正手杀球、头顶杀球和反手杀球三种击球方法。根据杀球力量的不同可分为重杀和点杀，根据出球距离和落点的不同可分为长杀（落点在双打后发球线附近）和短杀（落点在中场附近），以及利用时间差而采用的突击杀等多种杀球。

①后场正手杀球技术

准备姿势和动作要领同正手击高球，不同的是击球点的位置和最后用力的方向。首先要移动到位，侧身屈膝重心下降，准备起跳。起跳时，右肩上提，球拍上举。起跳后，右上臂经右后上摆，身体后仰成反弓形在空中收腹用力，前臂全速往前上挥动，手腕充分后伸。击球时，前臂内旋，手腕快速闪动发力杀球（图 7 - 18）。击球后，迅速回收球拍向中心位置移动。

图 7 - 18

②反手扣杀球

反手扣杀球的准备动作与反手击高球相同，只是击球点较高远球靠前，力量较高远球大，击球时拍面的仰角较高远球小。击球前的挥拍用力要大，跳起后身体反弓加上手臂、手腕的延伸、外展的鞭打用力，击球瞬间球拍与扣杀球方向的水平夹角应小于90°。为了获得最大的击球力量，击球要靠左脚的蹬力和腰腹力、肩力以及上臂带动前臂由外旋至内旋快速闪动，屈指发力用反拍的正拍面击球托的后部。击球瞬间拍面向正前下方压为反手杀直球，击球拍面向斜前下方压则是反手杀斜线球。

③后场头顶杀球技术

在左后场区用正手握拍，以正拍面在头顶上方击杀球为后场头顶杀球。后场头顶杀球技术的准备姿势、引拍动作及击球后的动作要领都与后场头顶击高远球技术相同，但是击球动作则与后场正手杀球技术动作要领基本相同，所不同的是，击球点偏在头顶前上方。击球时，如果是以正拍面向正前下方发力击球托中后部为头顶杀直线球；击球时，如果是以手臂带动手腕内旋，手指内转动球拍，用正拍面向右斜前下方击球托的稍左侧面后部为头顶杀斜线球。击球时拍面是正面击球，而不带任何切击动作，否则斜拍面击球，拍面与球摩擦，将会抵消击球的力量。

④腾空突击杀球

当对手击出弧度较低的平高球时，侧身右脚后退一步准备起跳。起跳后，身体向右后方腾起，上身右后仰或成反弓形，右臂上抬，肩尽量后拉。击球时，前臂全速往上摆起，手腕从后伸经前臂内旋至屈收，同时握紧球拍压腕产生爆发力，高速向前下击球。突击扣杀后，右脚在右侧着地屈膝缓冲，重心在右脚前；右脚在左侧前着地，利用左脚蹬地向中心位置回动，手臂随惯性自然往体前回收。

二　台球

（一）台球健身价值的挖掘

台球是一项"绅士"运动，经常参加台球运动，能有效地锻炼人的耐力、毅力，以及注意力的能力，这几项能力与人们的日常生活、学习和工作都密切相关，对人们的发展起着重要的作用。因此，深入挖掘台球健身这几个方面的价值对促进人的发展具有重要的意义。

（二）台球健身基本技术练习

1. 身体姿势

身体要面向所击的主球与目标球。以右手持杆为例，既可站成八字步也可站成丁字步，侧身向球台，左脚稍靠前，右脚稍后，两脚之间自然成

50°—80°的夹角（图7-19）。身体要正面面向球台，击球时弯身向前俯，全身的重量要压在脚上，而绝不能压在手上，这样会影响击球。击球时要全身放松，只在击球一瞬间才用力，两脚之间的距离与肩同宽。

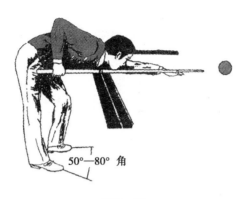

50°—80° 角

图 7-19

2. 握杆

拇指和食指在虎口处用轻力握住球杆，其余3个手指要虚握（图7-20）。具体来说，就是在杆尾的1/4—1/3处，伸直左手或右手的食指，将球杆摆在食指上，然后慢慢调整球杆位置，能使球杆平衡的那一点即是球杆的重心位置。握杆的位置一般是离重心向杆尾一端的6—10厘米处。

错误　正确　错误

图 7-20

3. 瞄准

瞄准是台球基本功中最重要的一环。它是每一位台球训练者在击球前都必须做的一项工作，这项工作包括了台球中围绕着使目标球落袋的一切瞄准工作。瞄准一般包括确定线路、确定击球点、确定瞄准点和撞击球四步。

最基本的瞄准方法是眼睛、主球、目标球三点成一线。当然，球杆是随着眼睛转的，因此，实际击球时，球杆、主球、目标球三点在同一直线上。

瞄准点就在进袋直线上，距目标球后一个球半径长度的点位上，看上去就好像是目标球长了个小尾巴，所以直接找点法又被形象地称为"看尾巴"。要想练出高超的、弹无虚发的瞄准击球水平，必须达到"角正、点准、杆直"的基本功标准要求。

4. 架杆

架杆就是用手给球杆一个稳定支撑和对杆头在主球的击球点进行调节的姿势。架杆是打好台球的重要的环节。架杆方法大致可以分为两种：手架和杆架。

（1）手架

手架是台球运动中运用最普遍的架杆方式。对击打主球部位、杆头瞄准目标球起着重要作用。手架杆比较常见的两种方法是平卧式手架杆和凤眼式手架杆。

①平卧式手架杆

先将整个手掌放在台面上，将拇指以外的四指分开，手背稍微弓起，拇指跷起和食指的根部相贴形成一个"V"形的夹角，球杆放在"V"形夹角内。手指的弯曲及手掌向上抬起，可以调节架杆的高度（图7-21）。

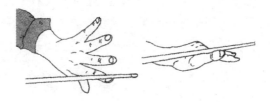

图7-21

②凤眼式手架杆

左手手指张开，指尖微向内弯曲，用拇指和食指扣成一个指环，并与球杆成直角，手掌和中指、无名指、小指构成稳定支撑（图7-22）。

图7-22

（2）杆架

杆架主要分为三种，即长、中、短（图7-23）。身体适度前倾，手持球杆的尾部，拇指在下，食指、中指在上夹住球杆，无名指、小指自然弯曲，另一手将杆架放置于适当位置，将杆架整体放在台面上，用手按住以防运杆、出杆时杆架晃动。

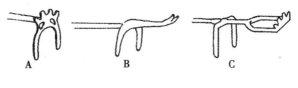

图 7 - 23

5. 击球技术

（1）直线球技术

当主球的中心击球点、目标球的撞点和袋口的中心点在一条直线上时；当主球中心点受到球杆的撞击，并撞击目标球的中心撞击点时，目标球便会直落球袋。

（2）偏击球技术

由于主球撞击目标侧面的程度不同，又可分为厚球、薄球。厚球，是指主球撞击目标球的撞击点在目标球球体的 1/2 以上；薄球，是指主球撞击目标球的撞击点在目标球球体的 1/2 以下。

在打目标球的厚薄时，其瞄准点是目标球击球点向外一个球半径处与主球中心点纵向运动方向延长线的交点。

（3）吻击球技术

当主球以中杆击球时，目标球与其轻吻的另一目标球的中心连线和袋口中心点成 90°角，被击目标球呈 90°角行进，而轻吻的另一球则按中心连线的延长线行进（图 7 - 24）。

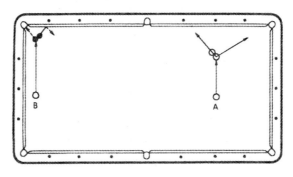

图 7 - 24

（4）反弹球技术

①直击反弹球

如图 7-25 所示，将目标球和主球按指定位置放置。应根据球与目标球袋的具体关系，调整好击球点以及击球后球的路线，掌握在反射角变化时，准确把握入射角。经过长时间的练习后，可达到较高的入袋成功率。

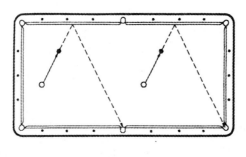

图 7-25

②偏击反弹球

如图 7-26 所示，用主球薄击目标球左侧，目标球受力后经球台边缘反弹后入中袋。这是直击反弹球的一种演变，只是击球点发生了一定的变化。

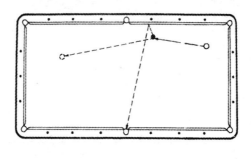

图 7-26

（5）双着击球技术

如图 7-27 所示，将两个目标球放置于袋口附近。主球击第一目标球时，应使用中杆，使主球能沿着第二目标球瞄准点方向行进，并碰击目标球入袋。需要注意的是，在击双着球时，确定主球与第一目标球相撞后主球的偏转角十分重要，是决定能否准确击落第二目标球的关键。

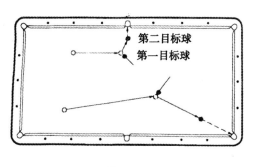

图 7 - 27

（6）弧线球击球技术

如图 7 - 28 所示，用弧线球击目标球。击球时，握杆手抬高 10—15 厘米，击主球的右侧击点。出杆击球时用力要集中。

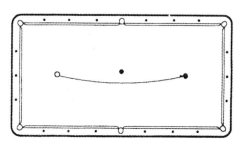

图 7 - 28

（7）联合击球技术

首先确定最后一个入袋目标球的入袋瞄准点，再确定另一个被主球撞击的目标球其撞击入袋目标球的瞄准点，最后确定主球撞击第一目标球的主球击点，然后便可以进行击球（图 7 - 29）。

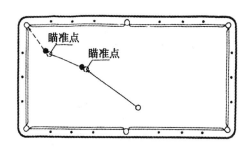

图 7 - 29

第三节 时尚流行健身项目的挖掘与开发

一 轮滑

（一）轮滑基本知识

1. 轮滑鞋

一般来说，根据轮滑项目的不同，轮滑鞋可以分为多种不同的种类。

（1）跑鞋

通常用于专业选手追求速度的速度轮滑竞赛。一般是有 4 个轮子，最多时可装 6 个轮子，排成一线，低鞋腰、低鞋跟，通常不装制动器。

（2）休闲轮滑鞋

用于一般休闲和健身活动，它一般是 4 个轮子排成一条线，轮子后方装有制动器，高鞋腰、中等鞋跟。

（3）花样轮滑鞋

用于花样轮滑或表演。其主要特点是：4 个轮子排成两排，前后各两个轮子，且两个轮子间距略宽于脚，鞋尖前下方安装制动器，高鞋腰、高鞋跟。

（4）特技轮滑鞋

用于特技轮滑，如在滑竿、跳板或 "U" 滑道做特技动作。

（5）轮滑球鞋

用于轮滑球运动。以利于轮滑球运动中快速前进、转弯、射门等瞬间移动动作。

2. 轮滑服装与护具

在轮滑运动中除了轮滑鞋以外，护具也是十分重要的装备。护具除了包括最基本的护膝、护肘、手套外，还有安全帽和防摔裤等。我们要十分重视护具的选择，一定要选择质量高的护具。

（1）服装

运动员的服装多种多样，质地、款式、花色各有不同，随着运动水平的不断提高，对服装的性能要求也越来越高，质地、款式、花色及质量要求也越来越精，以不断适应该项运动发展的需要。

速度轮滑运动员的服装大体可分为两种：一种是训练服，另一种是比赛服。训练服没有特殊规定，一般要求穿脱方便及有利于完成训练内容的即可；比赛服应要求紧身以便减少风的阻力，但是不应对运动员的活动灵活性产生影响。

（2）护具

护具包括手套、头盔、护肘及护膝、保护眼镜等。

①手套

速度轮滑运动员在比赛时，必须佩戴手套，一般要求轻便、不易脱落、耐磨损等。由于运动员滑行速度较快，常会出现摔倒等现象，手套可以缓解手与地面的摩擦，减少伤害事故。

②头盔

速度轮滑运动员参加比赛时必须要戴硬壳的头盔，以保证运动员的安全。现阶段运动员使用的头盔一般是由硬塑（ABS工程塑料）材料制成，样式较为美观，花色各异。

③护肘及护膝

护肘及护膝是为防止运动员在训练及比赛中，肘、膝部被摔伤的保护装置。为减轻运动员装备的重量，设计者将护肘及护膝设计得更轻巧、美观、方便和实用。

④保护眼镜

保护眼镜是运动员用来保护眼睛的辅助器材，主要功能是防止强光和风沙对眼睛的伤害。保护眼镜具有透明度、弹性较好和不易破裂等特点。

（二）轮滑健身价值的挖掘

轮滑运动的价值与作用主要体现在健身上，它具有极强的健身价值，经常参加轮滑运动锻炼能使人体各器官、各组织负荷得以增加，机体发生变化，可以改善神经系统、心血管系统、呼吸系统等机能，加快新陈代谢，促进体质的增强。具体包括以下几个方面。

1. 改善神经系统机能

人体各器官、系统的一切活动都是在神经系统的调节下进行的，通过神经系统的调节，人体对内外环境产生相应的反应，保证人体生命活动的正常进行。经常参加轮滑运动，能够改善神经系统对人体机能的调节作用，人体在运动时，心、肺、血液循环、呼吸等活动加强，消化系统活动减弱；而当运动停止后，心、肺、血液循环、呼吸等活动减弱，消化系统活动加强，这样使神经系统对内脏器官的调节机能得到改善，促进内脏器官与肌肉运动相适应，提高肌肉的工作能力。经常参加轮滑运动，对于身体的前庭器官和神经系统产生明显的影响，刺激前庭分析器产生兴奋，使神经系统的反应速度及神经系统对肌肉的调节得到改善。

2. 改善心血管系统机能

经常参加轮滑锻炼，对心血管的形态、结构和机能都产生不同程度的良好影响，可提高心脏功能、延缓心肌衰老。经常参加轮滑锻炼，不仅能促进心脑血管系统和呼吸系统机能的改善和代谢，同时还能提高心脏功能，能使心肌收缩力增强，心脏容量增大。

3. 改善呼吸系统机能

经常参加轮滑锻炼，尤其是户外轮滑，不仅能呼吸新鲜空气，促进新陈代谢，改善氧的供应，而且能改善呼吸器官的机能，提高呼吸器官的工作能力。

此外，经常坚持参加轮滑锻炼，还能提高呼吸功能，增大肺通气量，增加肺泡参与气体交换的数量，提高肺的换气量；促进肺毛细血管增多和血液循环加快，提高呼吸系统的免疫机能。

4. 改善运动系统机能

经常参加轮滑运动能提高人体的平衡能力。在滑行时，不仅要保持正确的滑行姿势，花样轮滑、轮滑球等还要求做出各种旋转、跳跃、急停等动作，要求具有很好的平衡能力。经常参加轮滑运动对骨髓有较大的刺激作用，可促进骨骼发育。经常参加轮滑运动能改善肌肉含量，使肌肉能量增高、毛细血管增多。另外，经常参加轮滑运动的人，力量、速度、耐力、灵活、反应等都高于一般人。

（三）轮滑健身基本技术练习

轮滑是一项在运动中灵活变换重心、维持动态平衡的运动。因此，在练习时应认识到大胆、灵活、及时地移动重心对掌握技术的重要性，并通过多种练习手段提高移动重心的灵活性和掌握平衡的能力。轮滑的基本技术主要包括以下内容。

1. 原地站立

（1）平行站立

两脚平行分开，与肩同宽，脚尖稍内扣，膝部微屈，重心落在两脚之间（图 7 - 30）。

（2）"八"字站立

站立时两脚跟靠近，脚尖自然分开，上体稍前倾，双膝自然弯曲，身

图 7 - 30

体重心落在两脚之间。重心平衡后双脚换成平行站立，上体仍前倾，使重心落在两脚之间（图 7 - 31）。

图 7 - 31

（3）"丁"字站立

脚穿轮滑鞋，扶物成丁字步站立，前脚跟卡住后脚的脚弓，上体稍前倾，双膝自然弯曲。身体重心落在后脚上。然后两脚交换位置，再呈丁字步站立，到站稳为止（图 7 - 32）。

图 7 - 32

2. 移动重心

（1）原地移动重心

①原地抬腿

两脚平行站立，上体稍前倾，重心移至左腿，右腿稍抬起、放下；然后以同样方法练习左腿。练习时要注意放腿时应保持脚下的轮子同时着地。

②原地蹲起

两脚平行站立，做下蹲并站起的动作。可先做半蹲，逐渐加大下蹲的幅度，直至快速深蹲并做短时间的静蹲后再站起。练习时要注意在屈伸踝、膝、髋三个关节时的协调配合。

③原地左右移动

两脚平行站立，上体稍向一侧倾移，逐渐将重心完全转移至一条腿上支撑，待稳定后再向另一侧移动。

（2）侧向移动重心

两脚平行站立，重心向右侧移动，随之左脚向左侧横跨一步，右脚迅速靠拢，待稳定后再进行向右侧的下一步。如此反复进行5—6步后再向左侧做相同练习。

（3）横向交叉步移动重心

两脚平行站立，先将重心移至左腿上并继续向左移动稍超出左腿支撑点，收右腿，右腿向左腿前外侧迈步成双腿交叉姿势，重心随之移至右腿上，成右腿支撑重心，接着收左腿向侧跨一步，成开始姿势。如此反复进行5—6步后再向右侧做相同练习。

（4）外"八"字脚移动重心

两脚成外"八"字脚站立，重心移至左脚，右脚向前迈一小步，重心随之移至右脚上，然后左脚向前迈进一步，重心随之移至左腿上。反复进行练习，逐渐加快迈步频率和加大迈进距离。注意收脚时应尽量保持脚下的轮子同时着地。

3. 蹬地技术

（1）单脚蹬地，双脚向前滑行

左脚在前成"丁"字形站立，右脚用内侧轮向身体的侧后方蹬地，左脚尖稍向外撇向前滑行，身体重心随之移至左腿上，同时右脚收成双脚着地，向前滑行。双脚滑行阶段应长些，两脚交替进行，两臂在体侧自然地摆动，肩要放松，上体前倾度应比走步时稍大。

（2）前滑压步转变左脚支撑滑行

身体左倾，右脚在右后侧蹬地，蹬地后摆越左脚，在左前侧落地，身体重心移至左脚。同时左脚用外侧在右后侧蹬地，蹬地后前移至左前侧落地支撑滑行。前滑压步右转弯与左转弯动作相同，方向相反。

（3）后滑压步转弯

以后滑压步右转弯为例，先右脚支撑后滑，身体向右倾斜，左脚在左前下方蹬地。左脚蹬地后摆越右脚尖，在右侧下方支撑落地，身体重心移至左脚，同时左脚在右侧前下方蹬地，蹬地后移至右后侧下方支撑落地滑行。这样，连续不断后压步转滑行。

（4）两脚交替蹬地，两脚交替单足向前滑行

左脚在前成"丁"字形站立，屈双膝，右脚用内侧轮向身体的侧后方蹬地，左脚屈膝向前滑行，身体重心逐渐移至左腿，成单脚支撑向前滑行。右脚蹬地后在左脚的侧后方自然放松地收至靠近在脚外处落地滑出，脚尖稍向外展，再用左脚内侧蹬地，重复交替进行。蹬地时身体重心应及时地转向支撑腿，单脚滑行阶段的距离尽量长些，两脚滑行的时间和距离尽力相等。

4. 滑行技术

（1）向前滑行技术

掌握了原地站立与平衡之后，就可以学习向前滑行了。由于脚下的轮子前后滚动，如按照走路习惯用前脚掌直接向后蹬地，身体是无法向前移动的，只有把向后蹬地改为向侧后方蹬地，才能使身体向前运动。

进行向前滑行技术训练时，先小步走，两脚分开比肩稍窄些，向前迈步。以脚的内刃向侧后方蹬地前行，开始步子要小一点、走慢点，然后逐渐加快速度前行。眼睛向前看，上体稍左右晃动，练习移动重心与维持身体的平衡。然后在同伴帮助下，双脚平行前滑，体会滑动的感觉和滑动状态下的身体平衡感受。

向前滑行的方法有单脚向前直线滑行、前葫芦步、双脚滑行和前双曲线滑行等。

①单脚向前直线滑行

原地两脚成"T"形站立，左脚在前，右脚在后，两腿稍弯曲，用右脚内刃蹬地，重心慢慢移至左腿，右腿蹬直后右脚蹬离地面，成左脚向前沿行。

然后收右脚在左脚侧面落地，左脚蹬地重复上述动作，成右脚单脚向前滑行。两脚交替向前直线滑行，两手自然分开，维持身体平衡（图7-33）。

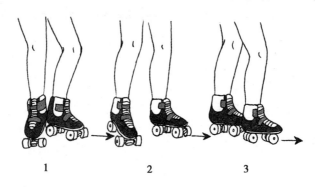

图7-33

②前葫芦步

开始以双脚内刃站立，起滑时身体稍前倾，两膝弯曲用力，两脚尖向外，两臂自然张开帮助维持身体平衡。当双脚向前外滑出至最大弧线时（两脚稍宽于肩），两脚尖迅速内收靠拢，恢复至开始姿势。连续做双脚的分开与靠拢，就能够不断向前滑进（图7-34）。

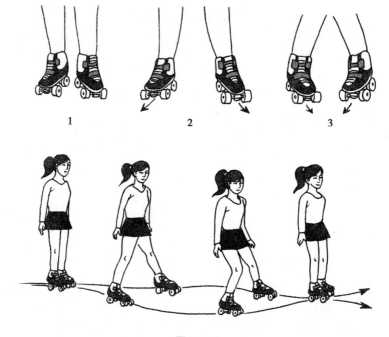

图7-34

③双脚滑行

用右脚内刃向侧后方蹬地，把身体重心移到左脚上，蹬地后的右脚迅速收回与左脚平行成双脚向前沿行，再用左脚内刃向侧后方蹬地，蹬地后迅速收回与右脚平行成双脚向前滑行。两脚依次交替蹬地连续向前滑行。

④前双曲线滑行

两脚平行站立，左脚以内刃向侧肩蹬地（4 轮不离地），身体重心在右脚，向右滑双脚曲线，然后右脚用内刃向侧后方蹬地，重心偏向左脚，向左滑双脚曲线，依次连续进行（图 7 – 35）。

图 7 – 35

（2）向后滑行技术

向后滑行是在基本掌握了向前滑行的基础上进行的，一般先学习"向后葫芦滑行"，再学习"向后蛇形滑行"，然后过渡到"单脚向后滑行"。

①向后葫芦滑行

两脚稍稍分开，平行站立，脚尖稍向内，两腿弯曲，用两脚内刃向前蹬地，同时两脚跟向两边分开，向后外滑至最大弧线时，两脚跟收拢，两膝用力伸直，恢复至开始姿势，随后重复上述滑行动作，连续向后滑行（图 7 – 36）。

②向后蛇形滑行

两脚分开约一脚距离，两腿弯曲，脚尖稍向内转。用右脚内刃向前下

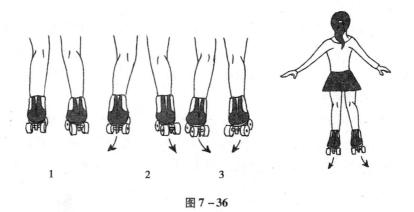

图 7 - 36

方蹬地，身体重心移向左侧，成左脚向后滑行。右腿伸直，随即右脚放在左脚侧面，恢复开始的姿势。然后再用左脚蹬地，身体重心移向右侧，成右脚向后滑行。左腿伸直，随即左脚放在右脚的侧面。依次重复上述动作，连续向后滑行。上体始终保持稍前倾姿势，两膝弯曲，两臂自然张开（图 7 - 37）。

图 7 - 37

③单脚向后滑行

身体前倾，左腿支撑，膝关节弯曲，单脚踩平刃，使滑行方向成一直线，右腿抬起，置于斜后方成弓箭步或直接往上抬，两手平伸，两眼平视，利用身体前倾的力量推动身体向后滑行，收右腿在左腿前落地，抬起左腿，右腿向后滑行。

（3）转弯与转体技术

转弯就是改变滑行方向，主要有前滑压步转弯、后滑压步转弯。转体是指前滑转体变后滑、后滑转体变前滑的方法。

①前滑压步转弯

以向左转弯为例，先使身体重心落在左脚上，身体略向左倾斜；右脚向右侧后方蹬地结束后，收腿提至左脚的左前方着地；左脚再向右脚的右侧后方蹬地，推动右脚向左滑行，重心随势移到右脚上，上体略向左转。向右转弯，动作、方向相反。转弯时两臂张开，配合蹬地摆动，以保持身体平衡（图7－38）。

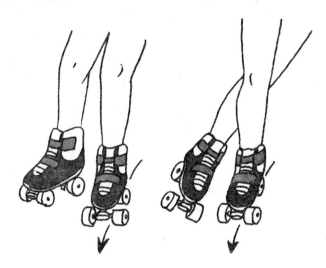

图7－38

②后滑压步转弯

以向左转弯为例，两脚前后分开后滑，右脚在前，左脚在后，身体重心落在右脚上。左脚提起，在右脚的左后方落地，身体重心移到左脚上；左脚向右侧蹬地，右脚移至左脚左前方，右膝弯曲，两脚交叉，形成压步动作，身体重心移至右脚上，上体向左倾斜。向右后方转弯，两脚动作、方向相反。转弯时，两臂张开，摆动配合蹬地，以保持身体平衡。

③双脚前滑转体变后滑

以向左转体为例，两脚平行前滑，左脚后轮支撑，前轮离地向左转。右脚前轮支撑，后轮离地在左脚后滑行。同时上体和手臂也配合向左转体180°，接后滑。向右转体方法相同，动作、方向相反。

④双脚后滑转体变前滑

以向左转体为例，重心移右脚，左脚提起，随上体和手臂向左转体180°落地支撑。重心移至左脚，同时右脚蹬接前滑。向右转体方法相同，动作、方向相反。

5. 停止技术

停止技术是轮滑运动的基本技术之一，是指在滑行中停下来的方法。最基本的有内"八"字停止法、"T"形停止法、双脚急停法和向后滑行停止法。

（1）内"八"字停止法

向前滑行中，两脚平行分开站立，然后脚尖内转，两脚以内侧轮柔和地压紧地面，两腿弯曲，上体稍前倾、下蹲，两臂前伸维持身体平衡，逐渐减速至停止（图7-39）。

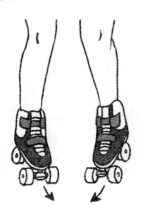

图7-39

（2）"T"形停止法

单脚向前滑行，浮足在滑行脚的后跟处成"T"形放好后，将浮足慢慢放在地面上，以内侧轮柔和地压紧地面，减速向前滑行直到停止（图7-40）。

（3）双脚急停法

在向前滑行时（以顺时针为例），两脚同时做顺时针方向急转，左脚以内刃、右脚以外刃与滑行方向成90°角压紧地面，同时身体向右急转，重心移到右腿上，两膝弯曲，两臂向前侧伸，减速停止下来。

（4）向后滑行停止法

在向后滑行的过程中，抬起两脚脚跟，用两脚的制动器摩擦地面，减速停止下来。停止时，身体稍前倾，两臂侧举维持平衡。

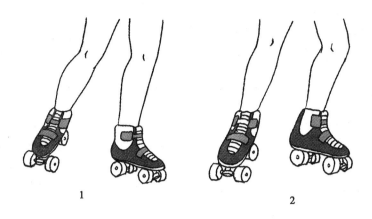

1　　　　　　　　　　2

图 7 - 40

二　健身操

（一）健身操健身价值的挖掘

1. 增加身体部位灵活性和协调性

有氧拉丁操以多关节运动为主，还增加了一般健身练习中较少练习到的髋部及腰腹部练习，故对提高髋部和腰部的灵活性和身体协调性有明显的作用。

2. 减肥塑身

拉丁操以拉丁舞为基础，吸收了拉丁舞的动作风格和特点，不但具备减脂和塑造身体线条的锻炼价值，同时也具备较强的表演性和欣赏性，可提高练习者创造美、欣赏美的能力。

（二）有氧拉丁操

一般来说，有氧拉丁操比较注重用力和节奏，有氧拉丁操的动作用力顺序是从下到上、由里向外，即所有力量来自于地面对身体的反作用力，由脚传到腿到髋到腰再到躯干。而手臂的动作是由躯干内部发力向外延伸，另外全身各部位的协调用力是完成好动作的关键，如基本动作中，左膝内扣，髋右转动时躯干应左转，也就是左右两侧的对应要形成对抗状况，这样才能积蓄力量来完成下面的动作。另外有氧拉丁操的步伐也包括一些拉丁舞的基本步伐，如恰恰、桑巴舞中的基本动作。它们节奏的形成都是在均匀的节奏上对音乐进行分割，具有一定难度。有氧拉丁操主要有以下几个基本动作。

1. 恰恰步

节奏形成一打二，即 2 拍 3 动的形式。以右侧恰恰步为例，右腿向右侧迈出 1 拍"大"，左腿并步；右腿再向右侧迈出。

恰恰步变化非常多，可以向侧、向前、向后；可以并步或交叉步；可以单独做或结合别的步伐一起完成。

2. 抖肩

双臂侧平举，五指分开，掌心向前，左肩前顶，右肩后展，再右肩前顶，左肩后展。

3. 桑巴步

节奏形式也是 2 拍 2 动，但与恰恰步不同的是它的"大"拍时间很短，并且完成动作时节拍要有短暂的停顿。

以向右桑巴步为例，蹬左腿向右一步，重心右移，同时身体左转。"大"左腿向右腿后点一步，同时右腿微微屈膝抬起，重心在左腿。重心移至右腿，右脚原地点地一次。桑巴步也可用来作移动或连续多次使用，整个动作主要注意髋部随着重心移动而左右摆动。

4. 曼波步

节奏形成均匀的节奏，没有切分节拍，可以前后、向侧或结合转体动作。在传统的健美操中也常用这个步伐。

（三）有氧搏击操

1. 基本站姿练习

有氧搏击操的站姿可以分为正面站姿与侧面站姿两种。正面站姿为防御姿势，侧面站姿为格斗姿势。

（1）正面站姿

双腿平行开立，稍屈双膝，收腹立腰，双肩平行、下垂放松，双臂屈于胸前，小臂垂直于地面、两拳置于下颌部，身体重心在两腿之间。

（2）侧面站姿

双腿前后分立、稍屈膝，后腿外侧 45°角，双腿内扣，身体侧向前方，重心在两腿之间，手臂姿势同正面站姿。

2. 基本拳法练习

有氧搏击操的基本拳法大都是参考了拳击的动作特点。握拳要四指并拢，向内卷握，拇指向内扣在其他手指的第二指节处。

（1）直拳

有氧搏击操中最常用、最基本的拳法就是直拳，一般分前手直拳和后手直拳。直拳可以在平行站立和前后站立两种站立姿势上出拳，无论哪种站立姿势都要腿先发力蹬转，然后腰用力，最后是手臂用力。手臂直接打出的同时，旋转拳，手心向下，注意手臂不要完全伸直，这样可以保护肘关节不受伤害。直拳按位置可分为右或左拳，或侧拳的高、中、低三种。

（2）刺拳

刺拳与直拳相似，是直拳派生出的一种快拳招数，分前手刺拳和后手刺拳。动作轻快，点击，出拳时手臂不完全伸直，顺弹性收拳，上体和髋部移动极小。

（3）勾拳

勾拳的站立姿势和发力与直拳相同，不同的是腰部首先要向反方向扭转并压低上体，然后再发力出拳，手臂始终保持弯曲，拳心向后。

（4）锤拳

拳微外旋上举，由上向下呈半弧形斜下劈砸。

（5）摆拳

摆拳分前手摆拳和后手摆拳。左脚蹬地，重心移向右脚，向左拧腰转体，同时右臂由下向上将肘部抬起，肘关节屈度大于90°角小于180°角，右臂由外沿小弧形向左摆至身体中心线位置。

（6）翻背拳

翻背拳是以拳背为着力点的一种快拳法，脚掌蹬地，上体稍转，以肘关节为轴，拳背领先，快速反臂鞭弹。

（7）肘击

一般采用平行站立，用肘关节进攻，可以分为横击、后击和下击。以右手横击为例，左脚首先蹬地，移动重心至右脚，腰部发力向右移动，左手掌推右手拳至右侧，最后力量到达关节，而左下击时要先高抬手臂，右侧腰拉长，然后腰用力收缩，肘下压。

3. 基本肘法练习

有氧搏击操的肘法为一种屈臂的练习形式，是以屈臂形成的肘尖为最后着力点的招数。

（1）抬肘

肘关节由下向上，从身体前上方抬起，拳心向下，肘尖受力。

（2）砸肘

肘关节提起，由上向下沿斜方向砸压。

（3）沉肘

身体下沉，提肘，由上向下沿直线出肘。

（4）提肘

扭腰转体，肘关节由下向上沿直线上提，脚尖蹬地挺腰。

4. 基本膝法练习

（1）直膝顶

左腿支撑，右腿迅速屈膝向上顶抬，力达膝尖，同时收腹，身体稍后仰，目视前方。

（2）横膝顶

横膝顶的基本运动路线呈弧形，具体为右膝关节由外向内呈斜线迅速提吸。

（3）跪膝

上体左转 90°，左腿屈膝半蹲，同时右膝直下跪，力达膝尖，同侧手可配合下击。

5. 基本腿法练习

（1）正蹬

一腿先屈膝上提，另一腿微屈膝支撑；屈膝上提腿以脚跟领先由屈到伸，快速发力，直线蹬击。动作上体略后仰，稍含胸，双手保持防护姿势。

（2）后蹬

身体稍转，一腿屈膝回收，小腿平行于地面，转头回视；向正后方强力挺膝伸展蹬出，身体前俯，眼视正后方，双臂自然弯曲，维持身体平衡。

（3）腾空前踢

左腿屈膝蹬地跳起，右腿在空中由屈到伸，绷脚面，向上弹踢，力达脚尖，眼视前方，两脚依次着地。

（4）侧踹

侧踹分为下段、中段、上段。一腿先屈膝上抬，小腿略外摆，膝盖向内收，支撑腿稍屈膝，提膝腿由屈到伸向侧踹击，力达脚跟或全脚掌，目视前方。

（5）腾空侧踹

可以单脚起跳也可以双脚起跳。主力腿猛地蹬地跃起，身体在空中向右拧转，右腿由屈到伸，直线方向踹出，力达全脚掌或脚跟，左腿屈膝收髋。动作完成后，两脚依次着地。

（6）横扫

腰髋部摆动，肩部拧转，集全力于一脚面或小腿胫骨，动作路线较长，高速拉弧形发出强大爆发力。

（7）弹踢

移重心至支撑腿，右腿屈膝抬平，大小腿折叠稍内旋，绷脚尖；以膝关节为轴，迅速屈伸弹动小腿，力达脚背或胫骨，眼视前方。

6. 格挡练习

（1）上格挡

手臂由下向上的防御，手臂离前额约一拳距离。

（2）下格挡

手臂由上向下防御，臂与身体约呈一线，手距大腿约20厘米。

（3）内格挡

手臂由外向内防御，拳背朝前，拳心对着自己。

（4）外格挡

手臂由内向外格挡，停于肩侧，手同额高。

（5）十字上防

双手腕交叉由下向上防御，双手离前额约一拳距离。

（6）十字下防

双手腕交叉由上向下防御，手置于小腹前约10—15厘米。

第八章

不同人群社区体育健身项目的开发

社区体育健身项目有很多，由于其各自的特点和健身价值不同，因此，适合不同的人群参与。同时，不同人群的身体和心理特点都会有一定的差异性，其对社区体育健身价值的需求也会有所不同，以此为依据，可以有针对性、目的性地选择相应的健身项目，以达到理想的健身效果。本章主要对不同年龄、性别等人群社区体育健身项目的开发进行详细的分析和阐述。

第一节　儿童少年社区体育健身项目的开发

一　儿童少年的身心发展特点分析

通常情况下，可以将儿童少年分为儿童期和少年期两个年龄阶段。一般的，儿童期指六七岁至十一二岁这个年龄阶段，少年期指 12—17 岁这个年龄阶段。

（一）儿童期的身心发展特点

1. 儿童期身体发展特点

儿童期是形态机能发育处于稳定增长的阶段，骨骼弹性大而硬度小，柔韧性较好，因而不易完全骨折，但易弯曲变形，需要引起关注。关节面软骨较厚，关节囊较薄，关节内外的韧带较薄而且松弛，关节周围的肌肉较细长，关节的灵活性与柔韧性都易发展，但是，需要注意的是，关节的牢固性较差，易脱位。从肌肉方面来说，肌肉中含水量较高，蛋白质、脂肪以及无机盐类较少，肌肉细嫩。相较于成人来说，儿童期的收缩能力较弱，耐力差，易疲劳，但恢复速度相对较快。身高的发育要比体重的发育速度快，多呈现细长型。除此之外，神经系统已基本发育成熟，并且已经基本具备了从事各种复杂运动的身体能力，智力水平通常也较高。

2. 儿童期的心理发展特点

儿童期的形象思维逐步过渡为逻辑思维。并且随着知识的不断丰富，其思考的目的性、独立性和灵活性也有了一定程度的提高。

（二）少年期的身心发展特点

1. 少年期的身体发展特点

进入少年期，身体形态的各种指标增长速度突然变快。男女少年的身体发育有一定的差异性，但从整体上来看，少年期的发育过程中是身体长度发育在前，横向发育在后。从手脚与躯干、四肢的发育状况来说，是手脚和四肢的发育在前，躯干的发育在后。

2. 少年期的心理发展特点

少年身体形态和机能的迅速变化也会对其心理产生一定的影响，从而使其发生一系列的变化。总的来说，他们的人际关系较为复杂，抽象思维能力和独立学习能力也有所增强。但同时，他们在心理上也存在着一定的不足之处，主要表现为：独立性与依赖性共存的矛盾、认识水平低，控制自己的能力较弱，容易被暗示等。除此之外，少年的兴趣爱好也会发生一定的改变和转移。

二 适合儿童少年的社区体育健身项目

鉴于儿童少年的身心发展特点，结合儿童少年的兴趣爱好等方面，可以得出，适合儿童少年的社区体育健身项目主要包括自由活动、走、跑、攀爬类的活动，跳绳、游泳、垫上运动（滚翻）、体操、足球、篮球、滑板、投掷、垒球、游泳、冰球、摔跤、武术等活动。其中，比较具有代表性的是滑板和游泳。

（一）健身跳

1. 健身跳的开发价值

在社区体育中，健身跳是一项较为简单的健身项目，这一健身活动有其独特的健身价值，具体体现在以下几个方面。

（1）健身跳是集健身、娱乐于一体的运动形式，其包含着丰富的练习内容，比较常见的有少年儿童的远度跳、高度跳、障碍跳以及跳皮筋、跳绳等相应的游戏。在这样充满轻松愉快气氛的活动当中，不仅能够有效锻炼身体，而且还能够进一步充实人们的生活，增强生活乐趣。

（2）少年儿童经常从事一些跳跃练习，对于运动器官和神经系统的良好发育有较为有利的影响，同时，还能够有效促进身高的增长。

（3）健身跳通过双脚与地面发生冲撞和摩擦，强烈刺激足底，使足部的血液循环进一步加快，足部的血流量有所增加，同时也使血液回流速度进一步加快，从而对血液循环系统功能的增强起到积极的促进作用。

（4）支撑跳对于心理素质的要求较高，因此能够有效提高心理素质水平。通常情况下，支撑跳可作为一种克服障碍的身体练习，长期锻炼，能够使人应对挫折的能力得到有效增强，同时对于培养锻炼者果断、勇敢的意志品质，消除胆怯、自卑等不良的个性心理也是非常有帮助的。

2. 健身跳的基本练习方法

（1）远度跳健身法

① 原地两级蛙跳练习。两脚原地开立，协调预摆几次，两臂及两腿用力蹬伸摆动，然后收腹举腿前伸落地，接着继续蹬伸配合进行第二次跳跃。

② 立定跳远后坐入沙坑练习。基本要领同立定跳远，只是两脚落地时，尽量使两腿触胸后两脚远伸，用臀部坐入沙坑。

③ 单足跳接跨步跳练习。单足向前跳一次，脚着地后，迅速蹬伸用力做跨步跳动作，当前摆的腿落地后再接着做单足向前跳，依次反复，左右腿轮换练习。

④ 蹲起挺身跳练习。两腿半蹲，两臂用力向前上方摆起，同时两腿用力蹬伸跳起，空中挺胸展胯，然后收腹举腿落地。

⑤ 立定跳远练习。两脚原地开立，协调预摆几次，两臂及两腿用力蹬伸，然后收腹举腿前伸落地。

⑥ 连续兔跳练习。全蹲或深半蹲，两手体后互握，身体正直，两腿用力蹬地向前跳进。连续进行练习。

⑦ 连续蛙跳练习。半蹲或深半蹲开始，两臂前摆，两腿蹬地向前跳出，接着双腿前收落地并继续保持半蹲或深半蹲姿势继续向前跳。

（2）高度跳健身法

① 原地蹲跳起练习。原地全蹲或半蹲，两臂后摆，两腿迅速用力向上蹬伸，两臂向上摆动，使人体尽可能获得最高的腾空高度。

② 原地单足换腿跳练习。左（或右）蹬伸跳起，左（或右）腿向上摆动，跳起时摆动腿下放与蹬地腿配合人体向上伸展，接着起跳腿落地，

摆动腿上步换腿后继续蹬伸跳起。

③ 团身收腹跳练习。原地半蹲跳起，两腿并拢，屈膝团身大腿尽量触及胸部，两臂协调配合摆动。

④ 直膝跳练习。身体直立，两手置于体后，一手握住另一只手腕，两膝微屈，主要靠踝关节蹬伸的力量跳起，身体垂直向上，落地时以脚前掌着地，连续富有弹性地跳起。每组可做 20 次以上，可重复多组。

⑤ 原地跳起直腿收腹跳练习。两腿半蹲两手后摆，接着两腿蹬伸跳起，两臂同时向上摆起，空中两腿并拢直腿收腹，两手尽量触及脚尖。落地时注意缓冲。

⑥ 连续助跑摸高练习。在运动场地放置多个悬挂物或利用自然环境，按照一定的要求连续助跑摸高。

⑦ 弧线助跑起跳练习。弧线助跑 3—4 步起跳，起跳时摆蹬配合，摆动腿屈膝带胯前摆，起跳腿充分蹬伸向上跳起。

⑧ 跳起分腿练习。原地双腿蹬地向上跳起，在空中两腿前后分腿，然后在空中完成并腿并以前脚掌着地，重复进行练习。

（3）障碍跳健身法

① 原地弓步并腿跳跃过障碍练习。距障碍 80 厘米处站立，障碍高 30 厘米左右。原地弓步站立，两臂向前上方摆起，支撑腿用力蹬伸向前上方跳起，两腿并拢收腹越过障碍后落地。

② 跳深练习。跳箱高 60—100 厘米，栏架高 80—100 厘米，栏架距跳箱 2 米左右。站在跳箱上两腿并拢跳下，接着继续跳起越过栏架。

③ 单腿跳上跳箱向远跳练习。跳箱高 20—30 厘米。单腿跳上跳箱然后继续用力蹬伸向前跳落沙坑。

④ 连续跳越栏架练习。栏架高 70—100 厘米，距栏架 30—50 厘米处双腿起跳越过栏架。

（4）游戏跳健身法

① 跳台阶游戏

连续双脚跳台阶：台阶高 30—50 厘米，双腿跳起，蹬踏在台阶上，然后向后跳下，连续练习。

连续台阶换腿跳：台阶高 30—50 厘米，一腿蹬踏在台阶上，另一腿支撑于地面。两腿及两臂同时用力向上跳起，在最高点时换腿，连续练习。

连续单脚跳台阶：台阶高 20—30 厘米左右，单脚跳上台阶后再单腿向后跳下台阶。连续进行练习。

② 跳实心球游戏

连续单腿跳过实心球。实心球间隔 2 米，设置 15 个左右，单腿连续向前快速跳过实心球。

连续跳过实心球。实心球间隔 2—2.5 米，设置 15 个左右，双腿连续向前快速跳过实心球。

连续单腿侧向跳过实心球。实心球间隔 2 米，设置 15 个左右，单腿连续侧向快速跳过实心球。

连续侧向跳过实心球。实心球间隔 2 米，设置 15 个左右，双腿连续侧向快速跳过实心球。

（二）游泳

1. 游泳健身价值的开发

（1）能够有效增强抵抗力。通过游泳锻炼，能够对体表毛细血管收缩和运动时皮肤毛细血管产生刺激，从而使神经系统支配皮肤血管收缩和舒张的灵活性得到有效提高，使人体适应温度变化和抵御寒冷的能力得到增强。

（2）增强心肺功能。经常参加游泳的人，能使心脏得到很好的锻炼，使心肌发达，收缩能力增强，促进机体的新陈代谢。

（3）健美形体。游泳运动能够对全身的肌肉起到均衡的锻炼作用。同时能够有效地锻炼人体的胸背和四肢肌肉。

（4）补钙，促进生长发育。在室外进行游泳，能够接收太阳光的照射，体内的 7-脱氢胆固醇会转变成能促进钙磷代谢的维生素 D，维生素 D 还可以防止缺钙和佝偻病发生，对于人体，尤其是儿童的生长发育有着非常重要的作用。

2. 游泳健身基本技术练习

游泳的形式有很多，比如，蛙泳、仰泳、蝶泳等。这里就以蛙泳为例来介绍游泳的基本健身技术。

（1）身体姿势

蛙泳在游进时，身体姿势是不断变换起伏的，它是随着臂、腿及呼吸动作的周期性变化而不断变化着的。在一个动作周期中两臂前伸、两腿向后蹬直并拢时，身体是几乎水平地俯卧于水中，头部夹在两臂之间，两眼注视前下方，腹部与大、小腿位于同一水平面上，臀部接近水面，身体纵轴与水平面约成5°—10°角（图8–1之1）。这种身体姿势，可以减小游进时的水阻力。要做到这一点，要求胸部自然伸展，稍收腹，微塌腰，两腿并拢，脚尖伸直，两臂并拢尽量前伸，全身拉伸成一直线。而在划水和抬头吸气时，上体会向前上方抬起，肩和背部的一部分上升露出水面，此时躯干与水面的角度较大（图8–1之2）。当两臂前伸、两腿向后蹬夹时，随着低头的动作，肩部又浸入水中，身体恢复比较平直的流线型姿势向前滑行。

图8–1

（2）腿部技术

①收腿

在收腿时，大腿带动小腿向身体的侧下方前收，两腿边收边分，腿部肌肉应自然放松。为了减小收腿时迎面水流的阻力，收腿的速度要相对地缓慢。如果收腿速度太快，就会增大阻力，影响游泳的速度。当收腿结束时，小腿要尽量收在大腿的投影面内，以减小收腿时的阻力。此时大腿与躯干大约成130°角，膝关节与池底垂直，两膝与肩同宽。

收腿是翻脚、蹬夹的准备动作，是从身体伸直成流线型向前滑行的姿势开始的。收腿时，腿部肌肉略为放松，大腿自然下沉，两膝开始弯曲并逐渐分开，小腿和脚跟在大腿后面向前运动。收腿时，踝关节放松，脚底基本朝上，脚跟向上、向前移动，向臀部靠拢，两腿边收边分开。两小腿和两脚在前收的过程中要落在大腿的投影截面内，以避开迎面水流，减小收腿的阻力。收腿动作应柔和，不宜太用力。在收腿的过程中臀部略下降。收腿结束时，两膝内侧的距离约同肩宽；大腿与躯干约成130°—140°角，大、小腿折叠紧，小腿接近于与水面垂直，整个收腿就像压缩弹簧一样，为翻脚和蹬夹做好准备（图8-2）。同时，收腿速度要先慢后快，要尽力减少收腿时引起的阻力。

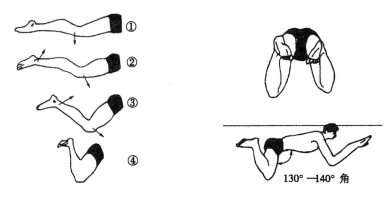

图8-2

②翻脚

当收腿使脚跟接近臀部时，大腿内旋，两膝稍内扣，小腿向外张开，两脚背屈使脚掌勾紧向外翻开，脚尖转向两侧，使小腿和脚的内侧面向后，形成良好的对水面，为蹬夹动作做好准备。翻脚实际上是收腿的结束动作和蹬夹的开始动作。在收腿接近完成时就开始翻脚，翻脚快完成时就开始蹬夹，在蹬夹的开始阶段继续完成翻脚。收、翻、蹬夹三个动作紧紧相连，一环扣一环，形成一个连贯圆滑的鞭状动作。

③蹬夹

蹬夹动作是蛙泳游进中获得推进力的主要阶段。它在翻脚即将完成时就已开始。由于翻脚动作的惯性，脚在后蹬的开始阶段是继续向外运动，完成充分的翻脚。随后，由腰腹和大腿同时发力，依次伸展下肢各关节，两脚转为向后向内运动并稍下压，直至两腿蹬直并拢，完成弧形的鞭状蹬夹。蹬夹动作是"蹬"与"夹"的结合，两腿是边后蹬边内夹，当两腿蹬直时两膝也已并拢了。既不是完全向后蹬，也不是向外蹬直了再内夹并腿。

蹬夹时，下肢各关节的伸展顺序是保持最大对水面积的决定因素。正确的顺序是：先伸髋关节，后伸膝关节，最后伸踝关节，直至两腿伸直并拢。蹬夹开始时，主要是大腿向后运动，膝关节不宜过早伸展，以使小腿尽量保持垂直对水的有利姿势，避免出现小腿向下打水的错误。在蹬夹过程中，脚应保持勾脚外翻姿势；在蹬夹将近结束时，脚掌才内旋伸直，完成最后的鞭水动作。如果先伸踝关节，则会破坏翻脚所形成的良好对水面，形成用脚尖蹬水的错误。

在蹬夹过程中，脚相对于静止的水的运动轨迹是一条复杂的三维曲线，既有向后的运动，又有向外、向内、向下的运动，水对腿部动作的反作用力，由蹬腿升力和蹬腿阻力构成。在蹬夹过程中，蹬腿升力起着重要的推进作用。但由于小腿和脚的内侧面是向后对水，且相对于自身来说腿部向后运动的幅度较大，故蹬腿阻力对推进力的贡献更大些。这就要求大腿内收肌群在蹬夹过程中积极工作，限制腿脚过分地外张，以保证蹬夹方向主要向后。

升力和阻力都与速度的平方成正比，蹬夹动作的速度越快，产生的推进力就越大。强有力的蹬夹可以最大限度地提高蛙泳速度。因此，蹬夹时要充分发挥腿部肌肉的力量，逐渐加速。蹬夹开始时，动作应比较柔和，而最后伸直小腿和脚掌的动作则要快速有力。

④滑行

当蹬腿结束时，蹬夹结束后，腿处于较低的位置，脚距离水面约为30—40厘米。此时，身体在水中获得最大速度，两腿伸直并拢，腰、腹、臀及腿部的肌肉保持适度紧张，使身体成流线型向前滑行，准备开始下一个腿部动作周期。滑行中，要注意保持两腿较高的位置，减少滑行时的阻力。

在蛙泳动作技术中，腿的动作是掌握蛙泳技术的基础。在腿的一次动作过程中，收、翻、蹬动作要连贯，收腿、翻脚速度应比蹬夹水速度慢一些。

（3）臂部技术

游蛙泳时，整个手臂动作都是在水下完成。对游泳者来说，手的划水路线近似于两个相对的"桃心形"。即两手从"桃心"的尖顶开始，不停顿地划动一周回到尖顶（图8－3）。为便于分析，把蛙泳的一个划水动作分为外划、下划、内划、前伸四个紧紧相连的动作阶段。

①外划

外划是从两臂前伸并拢、掌心向下的滑行姿势开始的。外划时两臂内旋，两手掌心转向外斜下方，略屈腕，两臂向外横向划动至两手间距离约为两倍肩宽处（图8－4）。外划的动作速度较慢。

②下划

手臂在继续外划的同时，前臂稍外旋，肘关节开始弯曲，转腕使掌心

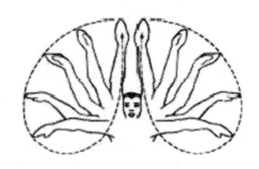

图 8 - 3

图 8 - 4

转为朝后下方，以肘关节为轴，手和前臂加速向下、向后划动。在下划的过程中，手和前臂的运动速度快，幅度大，而上臂的移动不多，前臂与上臂之间的夹角迅速缩小。下划结束时，肘关节明显高于手和前臂，手和前臂接近垂直于游进方向，肘关节约屈成130°角（图 8 - 5）。

图 8 - 5

③ 内划

内划是手臂划水产生推进力的主要阶段。下划结束，掌心迅速转向内后方，手臂加速由外向内并稍向后横向划动，屈肘程度进一步加大，肘关节也同时向下、向后、向内收夹至胸部侧下方。两手划至胸前时几乎靠在一起（图 8 - 6）。

④ 前伸

当内划接近完成时，两手在继续向内、向上划动的过程中逐渐转为向上、向前弧形运动至颌下。此时两手靠拢，两掌心逐渐转向下，手指朝前。接着，肘关节不停顿地沿平滑的弧线前移，推动两手贴近水面向前伸

图 8 - 6

出。与此同时迅速低头，将头夹于两臂之间。伸臂动作完成时，两臂伸直并拢，充分伸肩，两手掌心向下，成良好的流线型向前滑行（图 8 - 7）。

图 8 - 7

　　蛙泳手相对于静止的水的运动轨迹实际上是一条复杂的三维曲线。手在划水时并没有大幅度的向后的运动，而主要表现为明显的横向和上下方向的运动，就好像是手握着一个固定的把手将身体拉引向前。蛙泳划水阻力朝内，两臂上的划水阻力互相抵消。但由于屈腕动作，手掌平面与划动方向约成 40° 的迎角，所产生的划水升力起着推动身体前进的作用。手臂向下、向后的划动不仅为强有力的内划做好了准备，还可以产生升、阻力并重的推进力推动身体前进。内划阶段手臂的对水面大，手掌平面与手的划动方向约成 30°—40° 的迎角，水的反作用力以划水升力为主。此时胸背部和肩带的肌群亦处于收缩发力的最有利部位，两臂的向内划动可以有很大的加速度。所以内划阶段是蛙泳手臂划水产生推进力推动身体前进的主要阶段。蛙泳手臂划水动作的各个阶段是紧密地连接在一起的，整个动作要连贯圆滑，由慢到快，加速进行。初学者要尤其应注意在内划结束转前伸时，手臂不能停顿。

（4）完整配合技术

蛙泳一般采用呼吸、手臂和腿 1：1：1 的配合技术，即在一个完整动作周期中，蹬夹一次，划臂一次，呼吸一次。配合游时应在充分发挥臂、腿力量的基础上，努力做到协调、连贯、有节奏，尽量保持匀速前进。

① 臂与腿的配合

蛙泳臂和腿的配合是一种交替进行稍有重叠的技术。两臂外划和下划时，两腿保持稍紧张的伸直姿势；两臂内划时，两腿放松，两膝下沉，开始收腿；两臂开始前伸时，迅速完成收腿并做好翻脚动作；两臂接近伸直时，开始向后快速蹬夹；蹬夹结束后，全身伸直成良好的流线型向前滑行。

② 呼吸与臂的配合

早吸气配合技术：两臂开始外划时，颈后肌收缩，开始向上抬头，下颌前伸，使口露出水面将气吐尽；在两臂下划和内划的过程中吸气；两臂前伸时低头闭气；滑行时在水中呼气。这种呼吸方式利用了划水开始阶段手臂向外、向下划动所产生的向上的反作用力，使头部比较容易抬出水面，整个呼气和吸气的时间较长，动作比较从容。早吸气配合技术比较适合于初学者采用。

晚吸气配合技术：晚吸气配合技术没有明显的抬头和前伸下颌的动作。两臂外划和下划时，身体仍保持较平直的流线型姿势；在两臂内划的过程中，随着头、肩的上升，口露出水面将气吐尽；内划结束头、肩向前上方升至最高位置时快速吸气；两臂前伸时迅速低头闭气；滑行时向水中呼气。这种呼吸方式有利于减小水的阻力，同时有利于更好地发挥手臂划水的力量，动作紧凑连贯，前进速度均匀。

第二节　中青年社区体育健身项目的开发

一　中青年人群的身心发展特点

（一）青年人的身心发展特点

1. 青年人的身体发展特点

通常情况下，青年人指 18—35 岁年龄阶段的人们。这个阶段的青年人正处于一生中生命力最旺盛的"黄金"时期，各组织器官系统及其机能的正常生长发育都已经完成，身体素质也处于一生中的最佳水平，对于参加各种体育活动较为适宜，能够更加广泛地选择锻炼的项目。除此之外，还能够以自身的身体条件和兴趣爱好为主要依据来选择并参加自己喜欢的各种体育锻炼活动以及各种竞技体育运动。这一时期他们承受运动负荷的实际能力也较大。

2. 青年人的心理发展特点

这一阶段的人们有较为丰富的想象力，丰富的情感，热情洋溢，同时，也表现为易冲动、控制力较差等特点。他们往往抱有不同的人生理想，个性趋于稳定，兴趣爱好广泛，意志品质有较大的发展。但是，需要强调的是，青年人往往会对自己的身体健康状况有过高的估计，时常疏于参加体育锻炼，不利于身体健康的长期保持。

（二）中年人的身心发展特点

1. 中年人的身体发展特点

通常情况下，中年人指 35—60 岁这个年龄阶段的人们。中年人的身体素质都已经呈现出下降的趋势，体质逐渐由强向弱转变，身体的各种生理机能和能力也开始逐年下降，精力逐渐减退，体型开始发胖，体力方面要大大落后于青年人；在进行一定的体育健身锻炼后，恢复速度也大大降低，疲劳出现得较早，受伤概率则有所提升，总体的健康水平会有所下降。

2. 中年人的心理发展特点

尽管中年人的心理发展已经呈现出较为成熟的状态，但随着他们的工作任务越来越多，工作越发地繁忙，生活和工作压力越来越大，往往会导致相应的心理疾病产生，比较常见的有神经过敏、神经衰弱、抑郁症等。而且需要强调的是，随着年龄的增长，中年人的更年期的到来，各种心理疾患和生理疾病的发病率也会有所提高。

二　适合中青年人群的社区体育健身项目

鉴于以上中青年人群的身心发展特点，可以得出适合中青年人群的健身项目主要有散步、慢跑、自行车骑游、爬山、跳操、跳舞、象棋、扑克、麻将、垂钓、拳击、散打、高尔夫球、保龄球、网球、台球、水上运动、登山、赛车、射击、溜索、潜水、冲浪、滑水、赛艇、漂流、飞伞、热气球、卡丁车等。

（一）地掷球

1. 地掷球健身价值的开发

地掷球对于身体素质的增强有着非常重要的作用。地掷球的运动强度相对较小，没有直接的身体对抗，但对锻炼者的耐力和耐性都有较高的要求。因此，通过地掷球的锻炼，能够有效发展和提高锻炼者的耐力素质。同时，还能有效发展其力量素质与身体的协调性、灵敏性。

经常从事地掷球活动，还对智力有一定的改善效果。除此之外，通过地掷球的练习，还能够有效培养人的沉着、机智、顽强和拼搏的意志及集体配合的思想。

2. 地掷球健身基本技术练习

（1）握球

① 正手握球

正握式：握球手五指自然分开，掌心向上，将球置于指根以上部位，拇指放在球的正后方，并朝掷球方向，其余四指朝前并托球底部，掌心空出，球的重心在食指和中指之间。

侧握式：握球手五指自然分开，掌心向上，指根以上部位触球，拇指贴在球的侧后方，手呈勺型，并托球底部，掌心空出，球的重心在食指和中指之间。

② 反手握球

握球手掌心向下，五指自然分开，用手指根以上部位抓球的中上部（或呈手腕前屈，手背向前，四指在下将球托成勾状），掌心空出，拇指放在球的侧方，并与其他四指对抗握球，防止掉球。

（2）准备姿势

掷球前的准备姿势一般采用两脚平行站立或两脚前后站立，身体重心在两脚之间，持球手臂自然弯曲，肘关节靠近身体，持球手一般位于腰与肩之间，头部略倾于持球手臂，前臂与上臂夹角小于90°，手腕与前臂保持正直，手腕自然伸直，两眼注视目标。

（3）滚靠球技术

滚靠球技术是运动员在比赛中用球在地面的滚动使其靠近目标的掷球动作的统称。滚靠球是地掷球技术的基础，滚靠球的目的是使自己的球靠近目标，或占据有利位置使己方得分。滚靠球是地掷球得分的最基础的技术手段，它与比赛的胜负有着密切关系。

（4）抛击球技术

① 正手抛击球

掷球前，运动员持球面对掷球方向，两脚前后开立，同侧（右脚）稍前站于 B 线处，身体重心在两脚之间，微屈膝，收腹含胸，右手持球成前平举（肘微屈），两眼注视目标球，站姿保持自然。掷球时，上体稍前倾，重心前移，右脚迈出第一步（起动要小）的同时，右手臂以肩为轴，由体前向后摆至体侧，左手臂（非掷球手）随之侧平举，以维持助跑中的身体平衡。当左脚上第二步时，右手臂继续沿体侧向体后摆出，摆至适当高度，右脚再上第三步（亦称支撑步）的同时，右手臂侧由体后摆至体前并结合蹬地、展腹，以适当的出手角度，将球从食指和中指掷出。掷球后，随之跟进，保持动作姿势与手法的连续性，并逐步放松制动。

② 反手抛击球

掷球时，上体稍前倾，左臂侧平举维持身体平衡，右手臂持球成前平举（肘略弯曲），头部稍倾于掷球手臂一侧，身体重心前移；右腿上步的同时，右手臂的前臂和手腕内旋180°角向后摆动；当左腿上第二步时，右手成直臂继续向后摆动；右腿上步成支撑时，右手臂顺体侧迅速向前挥摆，掌心朝下将球掷出，并伴随掷球方向，上步缓冲制动。

（5）滚击球技术

① 正手滚击球：三步助跑为例，掷球时上体稍前倾，左臂侧平举维持身体的平衡，右臂成前平举（肘略弯曲），头部稍倾于掷球手臂一侧，身体重心向前下移动，右腿上步的同时右手臂以肩为轴，由体前向后摆动。当左腿上第二步时，右手臂继续顺体侧向后摆动。右腿再上步成支撑时，右手从体后侧最大幅度点顺体侧垂直迅速向体前摆动，掌心向上，将球掷出，并伴随掷球方向，上步缓冲制动。

② 反手滚击球：三步助跑为例，掷球时上体稍前倾，左臂侧平举维持身体的平衡，右手臂持球成前平举（肘略弯曲），身体重心前移，右腿上步的同时，右前臂和手腕内旋180°角成反关节直臂向后摆动。当左腿上第二步时，身体前倾，降低重心，右手臂继续向后摆动。右腿再上步成支撑时，右手臂顺体侧垂直迅速向前摆动，掌心向下，将球掷出，并伴随掷球，上步缓冲制动。

（6）掷小球技术

运动员掷球前，两脚前后开立同肩宽，右脚在前站于 B 线后，屈膝，上体前倾，重心在两脚之间，持球于体前，两眼注视掷球路线与位置。掷球时，右手臂（持球手）以肩（或肘）为轴，做由前向后摆臂，当摆至一定高度时，再由后向前摆至适当出手角度，将球掷出。掷球后，右手臂随球伴送，并有意识地目送小球的滚动路线，直到所停位置，尔后放松收势。

（二）手球

1. 手球健身价值的开发

手球能够使锻炼者的身体素质得到较为全面的发展和提高，具体来说，手球对锻炼者的身体协调性和力量等有着较高的要求，因此，通过手球健身，能够使锻炼者的身体协调、柔韧、速度、耐力、力量等素质得到全面的提高。

另外，手球对于锻炼者的顽强拼搏精神、团队精神的培养等方面也起着非常积极的作用。

2. 手球健身基本技术练习

（1）脚步移动技术

① 基本站立姿势

进行手球运动健身时，基本姿势应做到：两脚平行或斜向开立，与肩同宽，脚尖向前，膝关节微屈稍内扣，脚跟稍提起，支撑点应放在两前脚掌，上体稍前倾，身体重心落于两脚之间，两臂屈肘自然置于体侧，抬头，两眼注视目标。

② 跑动技术

起动跑：跑是由基本站立姿势开始的，起动时（向前起动）一脚用力蹬地，身体前倾，身体重心随之向起动方向移动，另一脚迅速跨步，紧随的前几步要小而快，同时，手臂协调配合，积极摆动，以提高跑动的速度。

侧身跑：跑动中，头部和上体向场内或向有球的一侧扭转，身体重心侧前移，脚尖和膝部朝着跑动方向，形成上体侧转，两臂自然摆动，两眼注视场地，随时准备接球。

③ 跳动技术

向前跳：起跳时，踏跳腿屈伸膝关节，并且前脚掌用力蹬地，上体前倾，身体重心向前移动并超越支撑点，腾空后充分展体、抬头，两眼注视目标。落地时，踏跳脚先着地，屈膝缓冲，以控制身体平衡。

向上跳：起跳时踏跳腿屈膝，降低身体重心，然后由踏跳脚后掌过渡到前掌用力向下蹬地，上体伸直，手臂协调上摆，使身体重心升高，另一脚自然屈膝抬起。落地时，踏跳脚先着地，屈膝缓冲，降低身体重心，以控制身体平衡。

（2）持球技术

① 单手持球：单手持球时，五指自然张开，用指根以上部位接触球，手腕放松，五指用力控制住球。

② 双手持球：双手持球时双手手指自然分开，两拇指相对呈"八"字形，用指根以上部位接触球，手腕放松，持球后侧部。

（3）传球技术

① 单手肩上传球：两脚前后开立，微屈膝，右手持球，举球后引至肩上，肘略高于肩，上下臂的夹角大于90°。传球出手时，用力蹬地，转体挥臂，手掌对准出球方向，屈腕、拨指将球传出。

② 单手胸前传球：前臂挥甩，腕、指翻转前屈拨弹，将球传出。向前传球用力于球的正后方，甩臂屈腕时，掌心朝下，虎口向左。向右传球时，腕外翻转，虎口向下，用力于球的左侧。向左侧传球时，腕内旋，虎口向上，用力于球的右侧。

③ 单手体侧传球：两脚自然开立，稍屈膝，持球提起置于体前，手持球的部位稍低于肘关节，虎口向上，用上臂带动前臂水平挥甩，最后用手腕前屈和手指拨球将球传出。

（4）接球技术

① 双手接胸部高度的球：两眼注视来球，伸臂迎球，手腕稍上翻，五指自然张开朝前上方，两拇指相对成"八"字形，手掌成勺状，当球触及手指的瞬间，手指紧张握球，手臂随球后引，缓冲来球速度，接住球后做下一技术动作。

② 双手接低于腰部的球：接球时，屈膝，上体前倾，向前下方伸臂迎球，五指张开，两小指相对成"八"字，两手呈半球状，手与球接触瞬间，手指紧张，手臂后引缓冲，上体直起，将球握于胸腹之间，抬头观察，准备下一动作。除此之外，还可以屈膝下蹲，用接胸部高度的球的方法来接腰部的球。

③ 双手接反弹球：接球时正确判断球击地反弹的方向和弹起的高度，双手对准弹起的球，根据球弹起的高度，用前面介绍的两种接球方法接球。

（5）射门技术

① 原地射门

原地单手肩上射门：以右手持球为例，两脚前后开立，稍屈膝。射门时右脚用力蹬地，前移重心，转髋，以髋带动上体向左转动，左脚积极配合支撑地面，右臂快速向前挥摆，通过腕、指力量将球射出。

原地体侧射门：以右手持球为例，两脚前后开立，右手持球于体侧，肩部拉开，上体稍后倾，左肩转向球门，重心右移，射门时右脚蹬地，转髋带动上体向左转动，手臂水平快速向前挥摆，将球射出。

② 跑动射门（以右手持球为例）：在跑动中，右脚跨出接球落地后，可以跨一步或者三步射门，如果左脚跨步接球落地，只能跨两步射门。接球后左脚前跨，引球至肩上，随后右脚向前跨步，上体向右转动，右脚用力蹬地，上体快速向左转动，以转体带动手臂向前快速挥摆，用力射门。射门后，随惯性向前跑动，保持身体平衡。

③ 跳起射门

向上跳起头上射门：以右手持球为例，接球助跑，左脚落地时用力蹬地跳起，右腿屈膝上抬，右手持球由下向后划弧引至头上，身体腾空到最高点时，快速向左转体，收腹、挥臂，将球射出。落地时，屈膝缓冲，控制身体平衡。

向前跳起肩上射门：以右手持球为例，接球后，左脚用力蹬地向前跳起，上体右转，右腿屈膝抬起，右手持球引至肩上，挺胸展腹，上体腾空到最高点时，上体向左转动，带动右臂向前挥摆将球射出，落地缓冲，控制身体平衡。

（6）突破技术

① 同侧突破

同侧突破用到的步法主要有三种：第一，两步急停和顺步变向的步法；第二，跳步急停和顺步变向的步法；第三，两步急停和交叉步的步法。

② 异侧突破

异侧突破用到的步法主要有以下几种：第一，两步急停和侧跨步的步法；第二，两步急停和顺步变向的步法；第三，两步急停和交叉步的步法；第四，两步急停和后转身变向的步法。

（7）守门员技术

① 准备姿势

两脚自然开立，脚跟稍提，微屈膝，身体重心在两脚间。上体正直，两臂自然弯曲上举于头侧，手心对着球的方向，两眼注视球。守门员的具体位置应根据来球的角度进行调整。如果球在小角度位置，守门员应靠近球门柱，身体保持直立，正面对球，两臂弯曲上举。

② 位置选择

在手球比赛中，守门员选择放手位置的主要依据是球和进攻队员的位置变化。通常，守门员以弧线左右移动，并始终处于两球门柱与球所形成的夹角的分角线上。当球处于小角度时，守门员应靠近有球一侧门柱。选择一个合理的防守位置，对防守对方的射门起着非常重要的作用，应重视起来。

③ 脚步移动

守门员移动选位，通过脚步移动来实现，脚步移动一般采用滑步、跳步、上步等方法。根据场上具体情况的需要，选择合理的脚步移动方式，能够有利于防守。

④ 封挡球

A. 手挡球

单手挡球：挡球手快速向来球伸出，五指自然张开，掌心对准来球，手腕紧张用力下压，将球尽量挡落在身前，以便利于发动快攻。

双手挡球：两臂并拢向来球方向伸出，五指自然张开，掌心对准来球方向，手触球的瞬间，手腕下压，将球挡在身前，并迅速拿球，准备发起快攻。

B. 脚挡球

以右脚挡球为例，左脚用力蹬地，右脚踝关节外展伸向来球，脚内侧挡球。伸脚时，脚应贴近地面，避免踩球或漏球。

C. 手脚并用挡球

以右脚挡球为例，左脚用力蹬地，右脚向右跨出成弓步，上体向右侧倾倒，五指自然张开，掌心向前，手脚并用将球挡住。

⑤ 传球

守门员拿球后，应该在第一时间筹划发起快攻。守门员发起快攻，一般采用垫步或交叉步肩上传球将球传出。传出的球应该有速度，飞行弧度要适合，并控制好球的落点。

第三节 老年社区体育健身项目的开发

一 老年人的身心发展特点

通常所说的老年人是 60 岁以上年龄段的人们。随着我国经济的快速发展，人民的生活水平有了较为显著的提高，从而使人均寿命得到一定的延长，在此情况下，导致许多城市已经进入老年社会，老年体育活动成为我国社区体育的中坚力量。

（一）老年人的身体发展特点

进入老年期后，身体各组织、器官系统的机能都会较为显著地出现逐渐退行性的衰退变化，适应能力和抵抗能力也会有较大程度的减退，从而导致其患病率逐渐上升，对老年人的正常生活产生较大的影响和破坏。另外，随着年龄的进一步增长，老年人的各种感官功能、各种身体素质、各种运动能力也会有较大程度的下降，并且衰退的速度会进一步加快，进而导致反应迟缓、智力下降、运动困难、易疲劳等情况的发生。

（二）老年人的心理发展特点

老年人由于从原来的工作岗位退下来，其社会角色有了较大的变化，再加上其身体发展的特点以及家庭成员的生活环境的巨大变化，会对其心理活动产生较大的影响。具体来说，老年人的心理发展特点主要表现为有失落感、孤独感、寂寞感、无用感，机能衰退后出现的恐惧感、紧张感等。

二 适合老年人群的社区体育健身项目

从上述老年人群的身心发展特点中可以得知，与其相适应的社区体育健身项目主要包括步行、健身跑、游泳、门球、气功、太极拳、太极剑等。下面就以太极拳和门球为例来重点阐述。

（一）太极拳

1. 太极拳健身价值的开发

（1）太极拳柔和、缓慢、均匀的动作能够使周身的血管得到舒张，加速血液循环，从而使心脏的负担减轻。

（2）通过太极拳健身锻炼，能够改变疾病的病理兴奋状态，对神经中枢的功能起到修复和改善作用，进而使内脏的病患症状消失。此外，练太极拳时呼吸细、慢、深、长，能对植物性神经系统的功能进行适当调节。

（3）太极拳扭曲揉摆的动作，能够有效按摩腹壁和膈肌，促进胃液的分泌和肝内血液循环，使胃肠蠕动、消化和吸收能力提高，肾上腺素的分泌功能有所增强，体内物质（尤其是胆固醇）的代谢得到改善。

（4）太极拳对呼吸有一定的要求，即要运用细、匀、深、长且与动作自然配合的腹式呼吸。这样对于保持肺泡的弹性，发展呼吸肌，改进胸廓活动度，增大肺活量，提高肺通气量和氧结合率都是较为有利的。

（5）太极拳的多弧形或螺旋形动作，能够有效提高肌力，防止肌肉萎缩，使关节、韧带的灵活性和柔韧性得到有效增强，防止关节发炎、扭伤或脱位。另外，还能够有效提高抗压防折的功能。

2. 太极拳健身基本技术练习

（1）手型

拳：五指卷屈，拇指压于食指、中指第二指节上，手指自然握拢，握拳不要过紧。

掌：五指微屈，自然分开，掌心微含，虎口成弧形。

勾：五指第一指节捏拢，屈腕，手指和腕部要松活自然。

（2）手法

贯拳：两拳自下经两侧向前上方弧形横打，与耳同高，臂稍屈，拳眼斜向下，力达拳面。

搬拳：屈臂俯拳，向上、向前，以肘关节为轴，前臂翻至体前，肘微屈，拳心斜向上，力达拳背。

冲拳：拳自腰立拳向前打出，高不过肩，力达拳面。

推掌：单推掌，掌须经耳旁臂内旋向前立掌推出，掌心向前，指尖高不过眼，力达掌根；双推掌，两掌自胸前同时向前推出，掌指向上，宽不过肩，高不过眼，力达掌根。

搂掌：掌自体前经膝前横搂至膝外侧，停于胯旁，掌心朝下，掌指朝前。

捋：两臂稍屈，掌心斜相对，两掌随腰的转动，由前向后划弧捋至体侧或体后侧，不可直着回抽。

棚：臂成弧形，前臂由下向前棚架，横于体前，肘关节稍低于手，掌心向内，高与肩平；力达前臂外侧。

挤：后手贴近前手的前臂内侧，两臂同时向前挤出；前挤时两臂要撑圆，前臂高不过口；力达前手的前臂。

云手：两掌在体前上下交替呈立圆运转，手高不过眉，低不过裆；两掌在云拨中翻转拧裹，肩不可上耸；两掌云转与转腰胯，移动重心协调配合；并步时两脚间距离10—30厘米。

按：两掌同时由后向前推按；按时两臂不可伸直，手心向前，手指高不过头，手腕微塌。按掌时与弓腿、松腰协调一致。

（3）步型

提步：一腿屈膝下蹲，完全支撑体重；另一脚脚尖向下，收控在支撑脚的内侧。

并步：两脚平行，相距20厘米之内，脚尖向前，全脚着地，重心可平均放于两腿之间，也可偏于一腿。

弓步：前腿屈膝前弓，膝盖与脚尖上下相对，大腿斜向地面，前脚脚尖直向前；后腿自然蹬直，脚尖斜向前方约45°—60°角，两脚全脚掌着地，两脚跟之间横向距离约为10—30厘米。

独立步：一腿独立支撑，膝关节稍屈；另一腿屈膝前提，大腿高于水平，小腿及脚尖自然向下。

仆步：一腿屈膝下蹲，脚尖略外展，脚掌全部着地；另一腿膝部要伸直，脚尖里扣，脚掌全部着地，以仆出腿的脚尖和下蹲腿的脚跟在一条直线上为宜，不要过宽或过窄。

虚步：后腿屈膝下蹲，腿膝部保持和脚尖相同的方向，后脚全脚掌踏实，脚尖外撇，约为45°—60°角；前脚以脚跟或脚前掌着地，脚尖指向。正前方，前腿膝部要保持微屈；支撑体重的绝大部分在后腿，两腿的虚实比例约为1：9；虚步两脚间的横向距离，不超过一拳宽度。

偏弓步：前腿屈膝前弓，膝盖与脚尖上下相对，大腿斜向地面，前脚脚尖向外撇斜约15°角；后腿自然蹬直，脚尖斜向前方45°—60°角，两脚全脚掌着地，两脚跟之间横向距离约为10厘米。

（4）步法

上步：一脚向前迈出一步，脚跟先着地，然后重心前移，脚掌踏实。

进步：身体直立，脚跟并拢，脚尖外摆；重心移至右腿并屈膝，左腿屈膝，左脚提起，向左前方上步，脚跟着地成左虚步；重心前移左腿，全脚掌踏实，脚尖向前成左弓步；重心后移至右腿，屈膝后坐，左腿自然伸直，左脚上翘成左虚步；身体微左转，左脚外摆，重心移向左腿并屈膝，左脚掌踏实，同时右腿屈膝，脚跟提起，前脚掌向内辗转；重心全部移至左腿并屈膝，右腿屈膝，右脚提起收至左脚内侧；上体微右转，右脚向右前方上一步成右虚步；重心移向右腿，全脚踏实，脚尖向前成右弓步，目视前方。

退步：身体直立，脚跟并拢，脚尖外摆；重心移至右腿并屈膝，左腿屈膝，左脚提起向左后方撤步，前脚掌先着地，重心逐渐移向左腿并屈膝后坐，右脚以脚掌为轴将脚扭直，脚跟离地，右膝微屈成右虚步；右脚提起向后退一步，脚前掌轻轻落地，上体继续右转；重心后移，右脚踏实，左脚以脚掌为轴将脚扭直，脚跟离地，左膝微屈成左虚步。

跟步：后脚向前收拢半步。

开步：一脚侧向分开一步或半步，如起势的左脚移动。

侧行步：身体直立，两脚平行稍开，脚尖向前，两腿屈膝微蹲，身体重心右移至右腿；左腿屈膝上提，脚跟先离地，左脚离地提起后，向左侧横跨一步，脚尖着地，逐渐踏实，成横弓步；身体重心左移至左腿，同时右腿屈膝上提，脚跟先离地，全脚提起后向左侧横收右脚，靠近左脚，脚尖先着地，然后全脚掌踏实，成小开步，两脚间横向距离约10厘米。

（5）腿法

提腿：一腿屈向前或向上提起，脚尖离地要高于支撑腿踝关节。

蹬脚：一腿独立支撑，膝微屈；另一腿屈膝提起，脚尖上翘，以脚跟为着力点蹬出，腿自然伸直，高过腰部。

（6）身型和身法

头：虚领顶劲，不可偏歪，下颏微内收。

肩：保持松沉，不可后张或前扣。

肘：自然下垂。

胸：自然舒松，微内含。

背：舒展拔背，不可驼背。

腰：松活自然，不可后弓或前挺。

脊：中正竖直，不可歪斜。

膝：屈伸自然柔和，不可僵直。

臀胯：臀向内收敛，不可后凸，胯不可左右歪斜。

（二）门球

1. 门球健身价值的开发

耐人寻味的各种球与球之间位置的变化，极强的趣味性，以及非身体对抗等特点，使门球运动深受老年人喜爱。另外，这是一种参与性较高的健身活动，"趣在旨中，妙在言外"。

（1）门球运动有利于身体素质水平的提升。门球健身运动能使锻炼者的力量、耐力、柔韧、协调性等身体素质得到很好的发展，

（2）门球健身运动有利于心理素质的改善和调节。门球运动是一种集体性的运动项目，以集体的形式进行健身运动，能培养锻炼者的团结、协作精神，有助于集体主义感的培养。同时，还能够使锻炼者始终保持一种积极、乐观的生活态度。

2. 门球健身基本技术练习

（1）持棒

① 横蹲式持棒

准备持棒前，两脚平行分开，与肩等宽。两肩放松，两臂自然垂于体前；两腿屈曲，上体前倾，整个身体姿势呈蹲式。右手全握槌柄，以左手食指和中指尖顶住槌柄，并紧贴右手，手心相对，两手背紧靠在右膝关节处，槌头与脚尖呈直角，持球棒固定。

② 半弓步持棒

准备持棒前，两脚相错，一前一后，相距约20—30厘米。前脚尖要与球平行，间隔一球距离；后脚尖放在前脚的中心位置。两肩放松，两臂自然垂于体前；两腿屈曲，上体前倾，整个身体姿势呈半弓步状态。左手紧贴右手全握槌柄，手心相对，两手背紧靠在膝关节处，槌头与脚平行将槌柄固定。

③ 半马步持棒

准备持棒前，两脚平行，与肩同宽。两肩放松，两臂自然垂于体前；双腿屈曲，上体前倾，整个身体姿势呈半马步状态。右手全握槌柄，左手以食指和中指尖顶住槌柄，并紧贴右手，手心相对，两手背紧靠在膝关节处，槌头与脚平行，持球棒固定。

（2）击球

① 平行型

击球方向与瞄准线平行，击球点偏左时，击出方向向右偏转，并产生向左旋转，击球点偏右时，击出方向向左偏移，并产生向右旋转；击球点在正后方或偏上时，击球方向与瞄准线一致，在偏上时产生向前旋转。

② 上挑型

击球方向向前上方，击球点偏左或偏右时，击球方向向右或向上偏移，并产生向前旋转；击球点在正后方或偏上、偏下时，击出方向与瞄准线一致，并产生向前旋转。

③ 下切型

击球方向向前下方，击球点在正后方偏上时，击出方向与瞄准线一致并产生向后旋转。击球点偏左或偏右时，击出方向向右或向左偏移，并产生后旋转；击球点偏上而使击球方向在球的上方时，击出方向不变，但产生向前旋转。

④ 左斜型

击球方向向左前方，击球点偏右时，击出方向向左偏转；击球点在正后方或偏上时，击出方向与瞄准线一致，并产生向左旋转。

⑤ 右斜型

击球方向向右前方，击球点偏左时，基础方向向右偏移；击球点在正后方或偏上时，基础方向与瞄准线一致，并产生向右旋转。

（3）撞击

① 正面撞击

双脚站好位置，双手握住球棒的槌柄，双眼瞄准，使要击中的目标、自球、槌头、槌尾构成一条直线。把注意力集中到自球的被击点上。击球时，要使双臂肌肉放松，身体各部位和谐配合，保持槌头和槌尾的平稳状态，然后适度用力，使槌头端面不偏不倚地击中经过正确瞄准的自球的被击点上。注意不要推球、连击或用槌头端面以外的部分击球。

② 擦边撞击

由于角度的大小不同，在进行擦边撞击练习时，要注意掌握擦球边部位的大小。如拟形成170°角时，则要擦半个球的外小边（约1/5处）；如需形成150°角时，要擦半个球的1/3部位；欲形成130°角时，要擦半个球的2/3部位。擦边撞击的有效距离是自球与被擦撞球相距1米以内，以

0.5 米为最佳距离，最远距离不可超过 2 米。

③ 擦顶撞击与越顶撞击

擦顶撞击：面向正前方，两腿分开站立，比肩略宽，两脚把球骑在中间，球的位置与脚后跟部平行，身体向前倾。双手握槌柄的中间以下部位、距槌头较近处，槌头端面向下对准拟击之球，槌柄上端前倾（槌尾向上斜），使自球的上端（球上半部的1/2处）与槌头端面的重心成一条垂直线。将球槌向后斜上方提起，目视自球应击打的部位，同时用余光看被擦顶的他球，身体重心稍向前移，快速用力击打自球重心水平面与球重心垂直线的中间部位，使球跳起，擦过他球的顶部，再滚向前方的目标。

越顶撞击：除了槌头击打自球的部位有所不同之外，越顶球的其他撞击动作方法与擦顶球相同。越顶球击打自球的部位比打擦顶球略向上移一点，击球的速度再加快些，用力再大些，让自球跳得高一些，使之从他球的顶上越过去，击向预先设定好的目标。

（4）闪击

撞击后，待自、他球停稳后，球员去捡拾他球。将他球拾起后回到自球停止的位置。根据闪击方向，将他球置于自球前面。用脚踩住两球，使之固定，不发生位移。击球时，如闪击的他球是对方队的球，则必须伸直一条手臂指示击球方向。以适合自己的击球动作，用球槌端面叩击自球，通过自球的动量将他球震出。

（5）过门

做好击球的动作，在两个球门之间选择好目标，确定瞄准线与击球点，把球击向球门。瞄准角的大小与距离成反比，与过门难度成正比。另外，还要考虑到过门角，过门角越大，则进球的难度越小。

（6）撞击终点柱

动作方法与过门相似。与过门不同的，主要有以下几点：不管是自球还是闪击他球，必须过了第三门才有效；闪击他球撞柱，在得到主裁判宣布他球满分后，自球才可撞柱。撞柱时一定要观察周围局势，对己有利时才撞，对己不利就暂缓撞击。以达到既延迟了对方的得分节奏，又为己方其他球的撞柱扫清了道路的效果。

（7）送位

撞击送位是通过撞击后，当他球已达到预定区域或位置时主动放弃闪击权实现的；而闪击送位（简称闪送）则要通过闪击技术来完成。在送位过程中需要注意的是：用力要适中，力图根据赛场上的风力、土质及球面光洁度等情况合理运用腕力；审时度势，准确判断出送位的区域；充分利用闪击后的续击权利制造出潜力大的有利位置。

第四节 女性群体社区体育健身项目的开发

一 女性人群的身心发展特点

（一）女性人群的身体发展特点

女性的骨骼较小。从身体形态来看，女性肩窄，骨盆较宽，身体重心低，稳定性高，对于平衡的维持较为有利。在身体成分方面，女子体内的脂肪约占体重的28%（男子的约占18%）。由于大量脂肪沉积在皮下，因此，使得女子的身体显得较为丰满。女子的脂肪层较厚，因此，其保温作用较好。通常情况下，女子的运动能力要低于男子，女子的肌力也低于男子，仅为男子的2/3。除此之外，女子的速度素质也要比男子低。但是，需要强调的是，女子机体的持久性耐力、利用氧的能力、抗热能力、利用体内储存脂肪供能的能力，以及身体的可训练性等方面却并不比男子差。而且，女子的关节、韧带和肌肉弹性好，动作幅度大，动作稳定且优美。

（二）女性人群的心理发展特点

女性的形象思维能力较强，心理特点主要表现为：细致、耐心、坚韧耐劳、情感丰富、爱美、沉稳、心胸狭窄、易烦躁和忧郁等。

二 适合女性人群的社区体育健身项目

以上述女子身心发展特点为依据，可以确定适合女性人群的体育健身项目主要有球操、艺术体操、瑜伽、武术以及冰上舞蹈等运动。下面就对球操和瑜伽进行分析和介绍。

（一）球操

1. 球操健身价值的开发

球操是艺术体操中的一种具体形式，其有着较为显著的健身价值。球操有着柔美的动作，对健身锻炼者的柔韧性要求较高，因此，通过球操的锻炼，能够有效提高锻炼者的身体柔韧性。同时，也能够对力量、灵敏度以及身体的协调性等素质起到积极的促进作用。

同时，球操运动还具有较好的塑造形体的作用。经常锻炼，能够塑造出优美的体型和曼妙的身姿。因此，球操受到广大女性的欢迎和喜爱。

2. 球操健身基本技术练习

（1）球的持法

① 双手持球：双手持球分为左右握球、上下握球和双手交叉握球。

② 托球：托球分为双手托球和单手托球。

③ 单手反托球：手臂以肩为轴直臂向前转动，或以肘为轴向内中绕环，使掌心转向上托住球的下部。

（2）摆动

持球，手臂以肩为轴在不同的面上向左右、前后或水平面做钟摆式的弧形运动。比较常见的有双手持球左右摆动和单手持球水平摆动两种。

（3）绕环

绕环的动作方法是两手或一手持球，手臂以肩或肘为轴，在不同面上做360°角或360°角以上的圆形绕动动作。比较常见的有双手持球大绕环和单手持球大绕环两种。

（4）拍球

拍球的动作方法是用两手或一手掌心向下按压球的上部（侧上方、后上方），使球从地上反弹起来，当球弹起接近最高点时，再用手向下按压球。比较常见的有原地单手拍球、原地双手拍球等。

（5）滚球

球的滚动可分为地上的滚动和身上的滚动。其中，比较常见的是身上的滚动。其具体形式主要有以下两种。

① 扶持身上滚动：两手或一手扶球，使球在身上滚动。

② 拨球身上滚动：由扶球滚动开始，当球滚至手指尖时，手臂快速伸展，通过手的拨动使球离开手继续在手臂上滚动。

（二）瑜伽

1. 瑜伽健身价值的开发

（1）瑜伽的呼吸与姿势动作的有机结合，能够使身体的各个部位都得到一定的伸展，这样能够使肌体血液循环得到较好的改善，增强肌肉和结缔组织的灵活性，防止肌肉组织功能下降，使肌肉萎缩和关节僵硬的情况得到消除，使肌肉的肌纤维拉长、变细，身体僵硬的部分得到了舒缓。

由此可以看出，瑜伽能够使身体的柔韧性得到有效的发展和提高，同时，还能够塑造出锻炼者身体自然美的线条。

（2）通过瑜伽的练习，借助于其身体的扭转、挤压等动作，能够使肠胃蠕动，增强消化液的分泌量，从而使消化与代谢功能得到不同程度增强。同时，还能够有效增强肾脏代谢能力，对胃病和脊椎疾病的辅助治疗起作用。

（3）通过瑜伽冥想的练习，能够改善锻炼者的内心状态，使其达到平静、平和，没有怒气，没有怨言的状态，因此，就会大大减少可能由于紧张与忧虑引起的疾病的概率，从而使锻炼者能够保持良好的精神面貌。

（4）瑜伽练习对于人体生理功能的保持有着非常积极的影响，具体表现为能使呼吸、心率、血压、新陈代谢的频率、体温和其他一些重要的机制保持平衡。通过有规律的练习，能够有效发展和提高锻炼者的灵活性、平衡性、坚韧度，以及对疾病的抵抗力，除此之外，还能够使疲劳得到有效的消除，从而使其有良好的睡眠质量。

2. 瑜伽健身基本技术练习

（1）脊柱扭动式

挺直身子坐着，两腿前伸，左小腿向内收，左脚底挨近右大腿内侧。将左臂举起，放在右膝外侧，伸直左臂抓住右脚。伸出右手，高与眼齐，双眼注视指尖。右臂保持伸直，慢慢转向右方，直至右手背放在左腰上。做深长而舒适的呼吸，保持15—20秒（图8-8）。用完全相反的顺序恢复原态，再做相反方向的练习。

（2）单腿交换伸展式

双腿向前伸直坐着，慢慢吸气，两手上升高过头部，两臂向前伸，身躯略向后靠。慢慢呼气，向前弯上身，两手尽量抓住左脚，将躯干拉近腿部，两肘向外弯曲。放松颈部，让头部下垂（图8-9）。保持这个姿势10秒钟或更长久之后，换左腿做同样的练习。

（3）蹲式

挺身站立，两脚大分开，脚尖向外，手指在体前相交，两臂轻松下垂。弯曲双膝。身体慢慢降低约30厘米后伸直双腿恢复直立姿势。再次弯曲双膝，将身躯下降得比第一次略低一些，伸直双腿，恢复直立姿势。第三次弯曲双膝，将臀部下降到与膝盖同一高度，伸直双腿，恢复直立姿势。当降低身躯时，就呼气；升高时，就吸气。重复6—12次同样的

图 8 - 8　　　　　　　　　　　　　　　图 8 - 9

练习。

（4）鸽式

首先放松坐着，曲双膝，左膝向外，左脚板紧靠右大腿内侧。右脚板朝天，双手把住右脚踝，使右脚尽量靠近身体，保持上体直立（图 8 - 10）。保持这个姿势尽量长久的时间之后，换反方向做同样的练习。

（5）骆驼式

两大腿与双脚略分开跪在地上，脚趾指向后方，吸气，两手放在髋部，将脊柱向后弯曲，然后在呼气的同时，把双掌放在脚底上，保持两大腿垂直于地面，头向后仰。一边保持这个姿势，一边将颈项向后方伸展，收缩臀部的肌肉，伸展下脊柱区域（图 8 - 11）。保持 30 秒之后，两手放回髋部，慢慢恢复预备姿势。

（6）身腿结合式

仰卧，抬高双腿，并保持膝盖伸直，当双腿已垂直于地面时呼气，抬起髋部和下背部，两腿伸展至头上方，并伸向头后。两腿弯曲，将大腿移向胸部，躯干便向后方移动，直到能够把膝盖都贴在地面上。也可以把双手顺势滑向背后抓住两脚脚踝，从而能够用手帮忙把膝盖抵紧双肩，然后两手臂抱住大腿，作缓慢而深长的呼吸（图 8 - 12）。只要感到舒适，可以尽量长久地保持这个姿势。

（7）肩倒立式

开始时仰卧，两臂向下按以求平稳，慢慢将腿抬离地面。当脊椎垂直于地面时，升起髋部，将腿部向头部后方送得更远，让两腿伸展在头部之

图 8 – 10   图 8 – 11

上。接着用手托住腰部两侧，支撑起躯干。收紧下巴，让它顶住胸部。舒适地呼吸，保持这个姿势至少1—3分钟（图8 – 13）。

图 8 – 12   图 8 – 13

（8）蛇击式

双手双膝着地，做动物爬行状，一边保持两手按住地面，一边把臀部放落在两脚跟上，并把头贴在地板上，做叩首式（图8 – 14）。保持胸腔高于地面，一边吸气并将胸腔向前移动，伸直双臂，放低腹部直到大腿接触地面，胸部向上挺起。背部呈凹拱形，眼睛向上注视，正常地呼吸（图8 – 15）。保持这个姿势10—20秒之后，再慢慢按反过来的程序做，恢复到叩首式。重复 10 次。

图 8 - 14　　　　　　　　　　　　　　　图 8 - 15

（9）树式

开始时直立，两脚并拢，两手掌心向内，两臂靠近左右大腿内侧，然后将右脚跟提起到腹股沟和大腿上半部区域，右脚尖向下，右脚放稳于左大腿上。一边用左腿平衡全身站着，一边双掌合十。两臂伸直，高举过头。保持这个姿势半分钟到一分钟之后还原站立姿势，继续把左脚放在右腿上，重复练习。

（10）侧三角式

保持两膝伸直，将右脚向右转 90° 角，呼气，双臂伸直，将上身躯干转向右方，让左手在右脚外缘碰触地板，右臂向上伸展，与左臂成一条直线。保持姿势，双眼注视右手指尖，伸展双臂及肩胛骨（图 8 - 16）。

图 8 - 16

恢复常态时吸气，先后缓慢将双手、躯干转至常态。交换方向做同样的练习，两侧的练习应保持相同的时间。

（11）战士第三式

两腿大分开，吸气，双掌合十，高举过头顶并尽力伸展，呼气，右脚与躯干向右旋转90°角，左脚向右方略转动。屈右膝直到大腿与地面基本平行，左腿伸直，两眼注视合十的双掌，伸展脊柱（图8－17）。接着呼气，将上身躯干向前倾，双臂保持伸直，手掌合十，一边伸直右腿，一边把左腿举离地面（图8－18）。右腿完全伸直后，左腿举高至与地面平行，此时，双臂、上身和左腿应该形成一条与地面平行的直线，右腿应与这条直线成直角（图8－19）。保持这个姿势约20秒，然后呼气，回到第一个姿势上来。

图8－17　　　　　　　图8－18　　　　　　　图8－19

（12）拜日式

放松站立，两脚靠拢，两掌在胸前合十，正常呼吸。双手食指相触，掌心向前，双臂高举过头顶，缓慢而深长地吸气，上身自腰部起向后方弯下。呼气，慢慢向前弯身，用双掌或两手手指接触地面，不要弯曲双膝。以不感到太费力为限，尽量使头部靠近膝盖。保持手掌和右脚不离开地面，慢慢吸气，同时左脚向后伸展。慢慢把头部向后上方抬起，胸部向前方挺出，背部则呈凹拱形。一边慢慢呼气，一边将右脚向后拉，使两脚靠拢，脚跟向上，臀部向后上方收起。伸直四肢，身体好像一座山峰的样子。一边呼气，一边让臀部微微向前方摇动，一直到两臂垂直于地面为止，然后蓄气不呼，弯曲两肘，胸膛朝地板方向放低。一边保持胸部略高于地面，一边慢慢呼气，胸部前移，直到腹部和大腿接触地面。然后吸气，慢慢伸直两臂，上身从腰部向上升起。头部像眼镜蛇式那样向后仰起。呼气，同时臀部升高，双手、双脚支撑地面。一边吸气，一边弯曲左腿并将左脚伸向前面。头部向上看，胸部向前挺，脊柱呈凹拱形。试图把这个动作和上一个动作做连贯，一气呵成。一边保持两手掌放在地板上，一边慢慢呼气，右脚收回放在左脚旁边。低下头，伸直双膝。一边慢慢抬高身躯，两臂伸直举过头顶，背部向后弯。一边呼气，一边回复到开始的姿势，两手掌在胸前合十（图8-20）。

图8-20

参考文献

1. 古梦雪：《上海社区体育项目创新研究》，上海体育学院 2010 年版。

2. 樊炳有：《社区体育论》，北京体育大学出版社 2003 年版。

3. 陈旸：《社区体育服务》，北京师范大学出版社 2011 年版。

4. 王凯珍、赵立：《社区体育》，高等教育出版社 2008 年版。

5. 叶建强、韩敬全、樊炳有：《社区体育建设的内涵及其区域问题探讨》，《体育与科学》2004 年第 6 期。

6. 刘同众、戴宏贵：《日、美社区体育建设与管理的探究与启示》，《西安体育学院学报》2013 年第 4 期。

7. 王凯珍、李相如：《社区体育指导》，广西师范大学出版社 2005 年版。

8. 张国华等：《社会体育活动方案设计与组织》，北京师范大学出版社 2012 年版。

9. 毛治和：《走跑健身的原理与方法》，西安地图出版社 2008 年版。

10. 于建兰等：《田径运动竞技与健身》，东北林业大学出版社 2008 年版。

11. 曲小锋、罗平、白永恒：《民族传统体育研究》，中国商务出版社 2007 年版。

12. 北京市民族传统体育协会，北京体育大学：《民族传统体育 100 例》，北京体育大学出版社 2006 年版。

13. 苏丕仁：《现代乒乓球运动教学与训练》，人民体育出版社 2003 年版。

14. 西安交通大学体育部：《乒乓球·羽毛球·网球》，西安交通大学出版社 2001 年版。

15. 崔秀馥：《乒乓球》，北京体育大学出版社 2003 年版。

16. 袁文惠：《乒乓球教程》，黄河水利出版社 2009 年版。

17. 曹犇、许庆发：《羽毛球》，广西师范大学出版社 2005 年版。

18. 张宝荣：《台球速成》，人民体育出版社 2004 年版。

19. 宋雯：《瑜伽教学与实践》，北京体育大学出版社 2011 年版。

20. 邓影：《瑜伽练习完全手册》，福建科学技术出版社 2010 年版。

21. 王合霞：《轮滑技巧》，中国社会出版社 2010 年版。

22. 孙耀、刘琪、杨鸣：《大众健身行为的理论研究》，中国商务出版社 2008 年版。

23. 邢金善等：《时尚健身理论与运动方法》，东北林业大学出版社。

24. 李建国：《论我国社区体育发展的模式》，全国职工体育论文报告会获奖论文，国家体委群众体育司，1993 年。

25. 贾富琴：《城市部分社区老年居民体育锻炼情况调查》，《辽宁体育科技》2001 年。

26. 李云林：《对社区体育的几点思考》，《浙江体育科学》2001 年第 6 期。

27. 陈立国：《浅谈新时期的社区体育与学校体育》，《体育文化导刊》2004 年第 3 期。

28. 沈梅：《对我国社区体育发展的探讨》，《北京体育大学学报》2001 年第 3 期。

29. 徐艳玲、刘敏：《试论新时期社区体育服务》，《社会工作》2005 年第 9 期。

30. 王颖：《我国社区体育现状评述》，《引进与咨询》2005 年第 1 期。

31. 张志坚、王磊：《论新形势下我国社区体育服务发展中的困惑与对策》，《吉林体育学院学报》2006 年第 3 期。

32. 卢元镇：《休闲的生活方式：社区体育的立足点》，《体育文化导刊》2003 年第 1 期。

33. 樊炳友：《试论社区体育服务的内容及作用》，《湖北体育科技》2001 年第 4 期。